> **"ධම්මෝ හි වාසෙට්ඨා, සෙට්ඨෝ ජනේතස්මිං දිට්ඨේ චේව ධම්මේ, අභිසම්පරායේ ච."**

වාසෙට්ඨයෙනි, මෙලොවෙහි ත්, පරලොවෙහි ත්
ජනයා අතර ධර්මය ම ශ්‍රේෂ්ඨ වෙයි !

– අග්ගඤ්ඤ සූත්‍රය – භාගාවත් බුදුරජාණන් වහන්සේ

නුවණ වැඩෙන බෝසත් කථා - 51
ජාතක පොත් වහන්සේ

(තෝරාගත් කථා)

පූජ්‍ය කිරිබත්ගොඩ ඤාණානන්ද ස්වාමීන් වහන්සේ

© සියලුම හිමිකම් ඇවිරිණි.

ISBN : 978-624-5524-18-1

මුද්‍රණය	:	ශ්‍රී බු.ව. 2567 ඇසළ මස (2023 ජූලි)
සම්පාදනය	:	මහමෙව්නාව භාවනා අසපුව
		වඩුවාව, යටිගල්ඔළුව, පොල්ගහවෙල.
		දුර : 037 2244602
		info@mahamevnawa.lk | www.mahamevnawa.lk
ප්‍රකාශනය	:	මහාමේඝ ප්‍රකාශකයෝ
		වඩුවාව, යටිගල්ඔළුව, පොල්ගහවෙල.
		දුර : 037 2053300, 076 8255703, 070 511 7 511
		info@mahamegha.store | www.mahamegha.store
මුද්‍රණාලය	:	තරංජී ප්‍රින්ටස් (ප්‍රයිවට්) ලිමිටඩ්,
		506, හයිලෙවල් පාර, නාවින්න, මහරගම.
		ටෙලි: 011-2801308 / 011-5555265

නුවණ වැඩෙන බෝසත් කථා - 51

ජාතක පොත් වහන්සේ

(තෝරාගත් කථා)

සරල සිංහල පරිවර්තනය

පූජ්‍ය කිරිබත්ගොඩ ඤාණානන්ද ස්වාමීන් වහන්සේ

ප්‍රකාශනයකි

පෙරවදන

ජාතක පොත් වහන්සේ ඔබ කියවලා ඇති. කුඩා අවධියේත්, පාසලේදීත්, සරසවියේත්, පන්සලේ බණ මඩුවේත්, වෙසක් නාඩගමේත් අපි ජාතක කථා රස වින්දෙමු. නමුත් එහි සැබෑ අරුත කුමක්දැයි තේරුම් ගන්නට අප සමත් වූ වගක් නම් නොපෙනේ.

'නුවණ වැඩෙන බෝසත් කථා' නමින් ඒ ජාතක කථා ඔබේ ම භාෂාවෙන් ඔබට කියවන්නට ලැබෙන්නේ එයින් ඉස්මතු වන අරුතත් සමඟිනි. මෙහි අරුත් දැන එම කථාවත් මතක තබාගෙන සත්පුරුෂ ගුණධර්ම දියුණු කරගන්නට මහන්සි ගන්නේ නම් එය ජාතක කථාවෙන් ඔබට ලැබෙන සැබෑ ම ප්‍රතිඵලය යි.

හැම දෙනාටම තෙරුවන් සරණයි!

මෙයට,
ගෞතම බුදු සසුන තුළ මෙත් සිතින්,
පූජ්‍ය කිරිබත්ගොඩ ඤාණානන්ද ස්වාමීන් වහන්සේ
ශ්‍රී බුද්ධ වර්ෂ 2560 ක් වූ වෙසක් මස 31 දා

මහමෙව්නාව භාවනා අසපුව
වඩුවාව, යටිගල්ඔරුව,
පොල්ගහවෙල.

පටුන

51. තෝරාගත් කථා

1. සරභංග ජාතකය

සරභංග බෝසත් තවුසාගේ කතාව

පින්වතුනේ, පින්වත් දරුවනේ,

අප භාග්‍යවතුන් වහන්සේගේ වම් පස වැඩසිටිය අග්‍රශ්‍රාවක රත්නය වූයේ මහාමොග්ගල්ලාන මහරහතන් වහන්සේ ය. උන්වහන්සේ තමයි ඉර්ධිබල ලත් ශ්‍රාවකයින් අතර අග්‍ර ව වැඩසිටියේ. මේ කතාවෙන් කියවෙන්නේ ඒ මහා මුගලන් මහතෙරිඳුන් ගැන යි.

ඒ දිනවල අප භාග්‍යවතුන් වහන්සේ වැඩවාසය කොට වදාළේ සැවැත් නුවර ජේතවනයේ. භාග්‍යවතුන් වහන්සේගේ දකුණු පස වැඩසිටි අග්‍රශ්‍රාවක රත්නය වූයේ අප සාරිපුත්ත මහරහතන් වහන්සේ යි. උන්වහන්සේගේ ප්‍රඥාව දෙවෙනි වූයේ භාග්‍යවතුන් වහන්සේගේ ප්‍රඥාවට පමණි.

භාග්‍යවතුන් වහන්සේ සැවැත් නුවර ජේතවනයේ වැඩවසන සමයක, සාරිපුත්තයන් වහන්සේට පිරිනිවන් පෑමේ කාලය ළං වුණා. ඉතින් අපගේ සාරිපුත්තයන් වහන්සේ භාග්‍යවතුන් වහන්සේට ඒ වග දන්වා වැඩ

අවසර ගෙන තමා උපන් ගම වන රජගහ නුවර නාලක බ්‍රාහ්මණ ගමට පැමිණියා. එ ගම පිහිටි තම ගිහි කල නිවසට වැඩියා. එහිදී තමා උපන් කුටියේ ම වැඩසිටියදී රෝගාතුර වුණා.

ගිලන් බවට පත් සැරියුත් මාහිමියන්ට උපස්ථාන කරන්ට සක් දෙවිඳු, මහා බ්‍රහ්මයා ආදී උදාර සත්වයන් පැමිණියා. ඒ අසිරිය දුටු උන්වහන්සේගේ මව වූ රූපසාරි බැමිණිය පුදුමයට පත් වුණා. ඇය එතෙක් කල් අදහමින් සිටියේ මහබඹු පමණයි. ඇය බ්‍රහ්මභක්තික කාන්තාවක්. එනිසා ම තද උදඟුකමකින් සිටියා. සිය පුතුට දෙවියන් බඹුන් ඇවිත් වදින අසිරිය දුටුවිට ඇයගේ උදඟුකම බිඳුණා. නිහතමානී වුණා. ඉන් පසු තම පුතුගේ දහම් කතාවට සවන් දුන්නා. ඇය ද සෝවාන් එලයට පත්වුණා. සිය මව් වෙනුවෙන් ම යි අප සාරිපුත්තයන් වහන්සේ එහි වැඩියේ. උන්වහන්සේ වැඩම කළ කටයුත්ත සම්පූර්ණ වුණා. මෙසේ පිරිනිවන් පාන්ට සූදානම් වූ අවසන් මොහොතේ සිය වැඩූ මෑණියන් සතර අපායෙන් මුදවා, නිවන් මග පිහිටුවා, තමන් උපන් කුටියේ ම පිරිනිවන් පෑවා.

සාරිපුත්තයන් වහන්සේගේ පරිනිර්වාණය අසා භාග්‍යවතුන් වහන්සේ සැවැත් නුවරින් පිටත් වුණා. චාරිකාවේ වඩිමින් රජගහ නුවරට වැඩම කොට වේළුවනාරාමයේ වැඩවාසය කළා. ඒ, අපගේ මහා මොග්ගල්ලානයන් වහන්සේට ද පිරිනිවීමේ කල් පැමිණ ඇති වග බුදුනෙතට පෙනී ගිය නිසා ය.

ඒ කාලේ අපගේ මහාමොග්ගල්ලාන මහරහතන් වහන්සේ වැඩවාසය කළේ රජගහ නුවර ඉසිගිලි පර්වත

බෑවුමේ පිහිටි කළුගල් තලාවේ හුදෙකලා කුටියක ය. උන්වහන්සේ ඉර්ධි බලයෙන් අගපත් හෙයින් නිතර දෙව්ලොව චාරිකාවේ වඩිනවා. එහිදී උන්වහන්සේට අලුත් දෙවිවරුන් මුණගැසෙනවා. ඒ අය මනුලොව සිටියදී තෙරුවන් සරණ පිහිටා, සිල්වත් ව, දන් පැන් පුදා, ධර්මයේ හැසිරුණු අය යි. ඉතින් උන්වහන්සේ මිනිසුන් අතරට අවුත්, මනුලොව සිට මියගිය අය දෙවියන් අතර ඉපිද මහත් සැපයෙන් වසන අයුරු කියා දෙනවා. දෙව්ලොව තොරතුරු ඇසීමෙන් පොදු ජනයා මහත් ප්‍රමෝදයට පත්වුණා.

එතකොට අන්‍ය දෘෂ්ටික මිනිසුනුත් මේ ඉර්ධිමත් භික්ෂූවගෙන් අපගේ මියගිය අය ගැන තොරතුරු අසන්ට ඕනෑ කියා සිතුවා. ඔවුන් ඇවිත් මහමුගලන් තෙරුන්-ගෙන් අසා සිටියා ඔවුන්ගේ ඥාතීන් උපන්නේ කොහෙද කියා. එවිට මහමුගලන් තෙරණුවෝ ඒ අය උපන්නේ කොහිද කියා බලනවා. ඔවුන් බොහෝ විට ඉපිද සිටින්නේ නිරයේ. ඉතින් උන්වහන්සේ ඉර්ධි බලයෙන් නිරයේ චාරිකා කොට සියලු විස්තර දැන වඩිනවා. අසවල් අසවල් අය, අසවල් නිරයේ මෙබඳු කටුක දුක් විඳිමින් සිටිනවා කියා හෙළිදරව් කරනවා. මහමුගලන් මුනිදුන්ගේ අතිශය විස්මයජනක ඉර්ධි ප්‍රාතිහාර්යය දැක පුරුදු මහජනයා එය සැක කළේ නෑ. එය සත්‍යයක් බව පිළිගත්තා. ඒ හේතුවෙන් ඔවුනුත් මිසදිටු අත්හැරියා. තෙරුවන් සරණ පිහිටියා. බුදු සසුන කෙරෙහි ම පැහැදුණා. මෙසේ දිනපතා අන්‍යාගමික පිරිස අඩුවෙන්ට පටන් ගත්තා. එනිසා අන්‍යාගමික තවුසන්ට කලින් තිබූ ආනුභාවය නැතුව ගියා. ලාභ සත්කාරත් පිරිහී ගියා.

මහජනයා භාග්‍යවතුන් වහන්සේගේත්, ධර්මයේත්, ශ්‍රාවක සංසයාගේත් ගුණ කියන්ට පටන් ගත්තා. සීලාදි ගුණධර්මත්, දානාදි පින්කම් කිරීමත් කරන්ට පටන් ගත්තා. අන්‍ය තීර්ථකයන්ට මෙය ඉවසිය නොහැකි දෙයක් වුණා. ඔවුන් රහසේ ම රැස්වුණා. "අයියෝ... අපට වෙච්චි දෙයක්. දැන් මේ රජගහ නුවර එවුන්ට අප ඉන්නා වගක්වත් පේන්නේ නෑ. ඉස්සර ඔක්කුන්නේ මඟුලට, ඉලව්වට, නැකතට, නිමිත්තට අපි නොවැ හිටියේ. දැන් ඕං අවබෝධ වුණා ය කියන්නේ. පස්සෙන් වැද වැටීගෙන කොඳ කඩාගෙන දුවන්නේ."

"මේ අලකලංචි සේරෝටම වග කිවයුත්තා අර ඉර්ධිබලකාරයා යි. උන්නැහේ දෙව්ලෝකෙට යනවාලු. ඒ පක්ෂයේ හැම දෙනා දෙව්ලොව ඉපදිලාලු. අපේ එකාලා උස්සද නිරයේලු. යසයි... මහාමොග්ගල්ලාන තමයි මේ ඔක්කොම දේවල් කරන්නේ. ඇයි ඉතින් හැමෝටම පේන්ට මහා රාජාලියෙක් වගේ ආකහේ පියාඹා යනවා නොවැ."

"ඉතින් හැබෑටම අපිට බැරි ද මේකට මොකාක් හරි කරන්ට? මහාමොග්ගල්ලාන කම්මුතු වුණා නම් ප්‍රශ්නෙ බාගෙට බාගයක් අහවරයි."

"එහෙම කොහොමෙයි අහවර වෙන්නේ?"

"ඇයි යෝදයෝ... ඊට පස්සේ දෙව්ලොව කරක් ගහන්ට ඇහැක් වෙන කවුදෑ ඉන්නේ? ඉර්ධියෙන් වෙන ලෝකවලට ගොහින් විස්තර බලා එන්ට වෙන කාටද ඇහැකි? එතරම් හපනෙක් කොයිබද? මෙයැයි තියන්ට නම් හොඳ නෑ."

මෙසේ කතිකා කොට ගත් අන්‍යාගමිකයෝ මහා මොග්ගල්ලාන මහරහතන් වහන්සේ සාතනය කරනු පිණිස දායකයන්වත් පොළඹවා ගත්තා. දායකයොත් කොයියම් ම ක්‍රමෙකින් හෝ එයැයිගේ අවසානය සිදුකරන්ට වටිනවා ය කියා කහවණු දහසක් එකතු කොට තීර්ථකයන් අත තැබුවා.

තීර්ථකයෝ සමණගුත්ත නමැති සොරදෙටුවා කැදෙව්වා. කහවණු දහස ඔහු අත තිබ්බා. "එම්බා මිතුර, තොප කෙසේ හෝ මහමුගලන් තෙරුන්ව නසන්ට ඕනෑ."

"කොහෙද ස්වාමීනී, දැන් උන්දෑ ඉන්නේ?"

"ඉසිගිලි පර්වත බෑවුමේ කළුගල් තලාව ඔහේ දන්නවා නොවැ. අන්න එතන උඩ කුටියේ තමයි ඉන්නේ. වස් කාලේ නිසා මේ තුන් මාසෙත් එතන ම යි ඉන්නේ. උඹට ලේසියෙන් ම මේ වැඩේ කරන්ට ඇහැකි."

මුදලට කැදර සොරදෙටුවා තව සොරමුලක් හා එක්ව කඩු, පොලු, මුගුරු, කැති, පොරෝ ගෙන දිනක් අප මහා මොග්ගල්ලාන මුනිඳුන් වැඩහුන් කුටිය වට කළා. කුටිය තුළ වැඩහුන් මහා මුගලන් තෙරණුවෝ සොර කැලක් කුටිය වටකොට ඇති බව වටහා ගත්තා. කුටිය වසා තිබූ දොරේ යතුරු සිදුරෙන් නික්ම, අහසට පැන නැගී වෙනත් පෙදෙසකට වැඩියා. සොරුන්ගේ ඒ උත්සාහය අසාර්ථක වුණා.

තව මාසයක් ගෙවුණා. දෙවන මාසයේත් සොරු කල්ලල් බලා නැවතත් කුටිය වට කළා. එදාත් උන්වහන්සේ ඒ වග දැනගත්තා. කැණිමඬල පලාගෙන කුටියේ වහල

මුදුනින් අහසට පැන නැගී වෙනත් තැනකට වැඩියා. එදාත් සොරුන්ගේ උත්සාහය අසාර්ථක වුණා.

තුන්වෙනි මාසයේ අවි ගත් සොරූ ඇවිත් උන්වහන්සේ වැඩහුන් කුටිය වට කළා. එතකොට උන්වහන්සේ මේ කුමක්ද කියා විමසුවා. තමා වෙත මේ පලදෙන්ට එන්නේ, පෙර ආත්මයක තමා විසින් ම කරගත් අකුසල කර්මයක අපරාපරිය වේදනීය විපාකයක් බව වටහාගත්තා. උන්වහන්සේ ඒ දැඩි කර්ම විපාකයට මුහුණ දෙන්ට තීරණය කළා. කුටි දොර හැරියා. 'මං අවසන් වතාවට මාගේ ශාස්තෘන් වහන්සේට වන්දනා කොට මිසක් පිරිනිවන් පාන්නේ නැත' කියා අධිෂ්ඨාන කොට කුටියේ වාඩිවුණා. ක්ෂණයකින් සොරමුල කුටියට පැන්නා.

ඉර්ධි බලයෙන් අගපත් ව, සියලු සත්වග කෙරෙහි පමණ නොකළ හැකි තරම් දයා කරුණාවෙන් වැඩසිටි, අකම්පිත සිත් ඇති, සියලු කෙලෙසුන්ගෙන් දුරු වූ, අවසන් කය දැරූ, සසර ගමන ඉක්මවා සිටි, සසර සයුරෙන් එතෙර ව වැඩසිටි, නිවන් දූපතෙහි පිහිටා සිටි මහමුගලන් මහතෙරණුවෝ නිශ්ශබ්ද වුණා. ඔවුන් අත තිබූ සියලු අවි ආයුධවලින් දිගට හරහට පහර දුන්නා. අප මහමුගලන් මුනිදාණන්ගේ නීල වර්ණයෙන් බැබළී ගිය, පරම සෞන්දර්යයකින් පිරී ගිය, පින්බර සිරුරේ ඇට, සහල් තරමට කුඩු කොට, කුටියෙන් එළියට ඇද, මිය ගියේ යැයි සිතා අසල ඇති පඳුරකට වීසි කොට පලා ගියා.

අප මහා මුගලන් තෙරණුවෝ යටගිය අතීතයේ එක්තරා ආත්මයක බරණැස් පුර පවුලේ එක ම පුත්‍රයා

වශයෙන් ඉපිද සිටියා. මොහු බොහෝ වෙහෙසී රැකියාවක් කොට සිය මාපියන්ට හොඳින් උපස්ථාන කළා. තම පුත්‍රයා සියලු වතාවත් කරන හෙයින් මාපියන්ටත් ඒ ගැන දුකයි. පුත්‍රයාට කසාදයක් කරගැනීමට බල කළා.

"අනේ පුතේ, උඹ රස්සාව කරන්ටයි, ගේ දොර වැඩ කරන්ටයි, අපට උපස්ථාන කරන්ටයි ගන්නා මහන්සිය. මේ ඔක්කෝම කරන්ට ඇහැක. උඹ මෙතරම් මහන්සි වෙන එක ගැන අපට දුකයි පුතේ. හොඳ තැනකින් බලා හිටං උඹට කෙල්ලක් කරකාරෙට ගේනවා. මෙවරවත් බෑ කියන්ට නම් එපා මගෙ පුතේ."

"අනේ අම්මා, මට කසාද ඕනෑන්නේ නෑ. මං මේ හැම උපස්ථානයක් ම කරන්නේ හරි සතුටින්. අම්මයි අප්පච්චියි ඉන්නකම් මේ උපස්ථාන මගෙ අතින් ම කරන්ට මං කැමතියි."

දෙමව්පියෝ නැවත නැවතත් පුත්‍රයාට කසාදයක් කරගන්ට කියා ම බල කළා. ඔවුන් දන්නා හඳුනන තැනකින් කරකාරෙට කෙල්ලක් කැඳන් ආවා. ඇය ස්වභාවයෙන් ම තමාට පමණක් සලකනවාට කැමති, මාපියන්ට සලකනවාට අකැමති, ඊර්ෂ්‍යාකාර දුෂ්ට ස්ත්‍රියක්. මුලදි සිය මාමාටයි නැන්දාටයි ඈ උපස්ථාන කළා. ටිකෙන් ටික වෙනස් වුණා. දැන් කොහෙත්ම කැමති නෑ. "අනේ මට මේ ගෙදර එකට ඉන්ට අමාරුයි. මේ නාකි උන්දෑලා දෑස නොපෙනෙනා අන්ධයන් වුණාට නපුරුකමේ නම් අඩුවක් නෑ. මට වද දෙන්ට ම යි මේකුන්නේ ආසාව. ඔයෑයි වැඩට ගිය වේලේ පටන් මට දෙන වද කාට කියන්ට ද?"

තරුණයා සිය බිරිඳ කියන කතා කිසිවක් ගණන් ගත්තේ නෑ. හොඳ ඉවසීමකින් සිටියා. නමුත් ගෑනි මහ අමාරුකාරි. ඈ නොයෙක් උප්පරවැට්ටි කළා. සැමියා පිටතට ගිය විට ගෙයි ඇති ගෝනි කෑලි පවා තැනින් තැන දානවා. කැඳ පෙණත් දානවා. ඉදුලුත් විසුරුවනවා. වෙහෙසීගෙන එන සැමියා ඉදිරියට කඳුළු පුරවා ගත් දෑසින් යුතුව යනවා. "ඔයාට පේන්නැද්ද අනේ? මේ බලන්ට අදත් මේ කරලා තියෙන දේ. මං කිවා 'අනේ මයා අම්මේ, අප්පච්චියේ, ඉතින් මට ඇහැක් විදිහට බලා කියා ඉන්නවා නොවැ. ඇයි මට මෙහෙම කරන්නේ?' කියලා. අන්ධ වෙලත් නපුරුකොම. මේ කිලිටි ගෙදර මට නම් ඉන්ට බෑ. කොතෙක් කිවත් ඔයැයිට වගක් නෑ. මං යනවා යන්ට මහගෙදර."

කපටි ගෑනි දිගින් දිගට මෙසේ කරුණු කියා පොලඹවද්දී සසරේ පුරන ලද ශ්‍රාවක පාරමී බලයෙන් යුතු අයෙක් වුවත් ඒ තරුණයාගේ සිත මාපියන් කෙරෙහි බිඳුණා! "හරි... එතකොට මං මොකක්ද කරන්ට ඕනෑ?"

"වෙන මක් කරන්ට ද? නෑයින් බලන්ට යමු කියාලා කරත්තෙ පටවාගෙන යන්ට. වනගත අඩවියකට ගොහින් දෙන්නා කම්මුතු කරලා, වතුර නාලා එන්ට. එච්චරයි."

බිරිඳගේ යෝජනාවට සැමියා එකඟ වුණා. "අම්මා, අප්පච්චි, අපට අසවල් ඥාතීන්ගෙන් බේරෙන්ට බෑ. ඔහෙලා දකින්ට ආසාම කියනවා. අපි කෝකටත් ගොහින් ටික දවසක් ඉඳලා එමුකෝ." කියා කරත්තයක දෙන්නා හිඳුවාගෙන පිටත් වුණා.

වන මැදට ආ විට ගස් මුල් උඩින් කරත්තය යද්දී

මාපියන්ට පාර තොට වැරදී ඇති වගක් තේරුණා. "අනේ පුතේ, ගවයින්නේ රැහැන්පොට හොඳට අල්ලා ගනිං. ගවයන් පාර වරද්දාගෙන වගේ." කියා අන්ධ මාපියන් ගවකුර මුල්වල ගෑටෙන හඬ අසමින් කීවා.

"අයියෝ අම්මා, අපි හොරුන්ට මැද වෙන්ටයි වගේ යන්නේ." කියා කෑගසා "අනේ සොරුනේ, අපට කරදර කරන්ට එපා!" යි හඬ නගා මුරගෑවා. මාපියන් රැවටුණා. "අනේ පුතේ, අපි නම් දැන් මහලුයි. අපිට මොක වුණත් කමක් නෑ. උඹ මෙතන ඉන්ට එපා, පැනගනිං." කියා හඬා වැලපුණා.

එතකොට බිරිඳගේ බසින් මුලා ව සිටි පුත්‍රයා සොරුන් පහර දෙන ලෙසින් සිය අන්ධ මාපියන්ට පොලු පහර දී මරා, කැළයට වීසි කොට, වතුර ස්නානය කොට ගෙදර ආවා. ඒ කර්මය තුළින් හටගත් බිහිසුණු විපාකය ඔහුට බොහෝ ආත්ම ගණන් පලදුන්නා. එය තවමත් පසුපසින් එනවා.

අළු යට සැඟව ගත් ගිනි පුපුරු රැස, ඉඩ ලද විට අළු විසුරුවාගෙන උඩට නැගෙන සෙයින් අප මහමුගලන් තෙරිඳුන් මේ සසරේ දරනා අවසන් සිරුර පසුපසිනුත් ඒ කර්ම විපාකය හඹා ආවා. යම් වැද්දෙක් දඩයම් බල්ලෙකු ගෙන වන වැදී මුවෙකු දකිනවා. දැක බල්ලා උසිගන්වනවා. එවිට ඒ සුනඛයා මුවා කෙරෙහි ම නෙත් යොමා උඃ පසුපස්සේ දිගටම හඹා යනවා. යම් තැනකදී මුවා අල්ලාගන්ට හැකි වේ ද, එතන දක්වා ම පන්නා ඇවිත් අල්ලා පෙරළා ගන්නවා. එසේ ම යම් තැනකදී කර්ම විපාක පලදෙන්ට අවස්ථාව ලබයි ද, එතන විපාක දේ. එයින් මිදුණෙක් නම් නැත.

පෙර කර්ම විපාකය විසින් තමාව අවසන් මොහොතට අදින බව අප මහමුගලන් තෙරණුවෝ වටහා ගත්තා. එනිසා ම යි උන්වහන්සේ නිහඬව එයට ඉඩ දී සිටියේ. නන්දෝපනන්ද නාගරාජයා දමනය කළ මහත් ඉර්ධිය ඇති, සක්දෙවිඳුගේ වෙජයන්ත මහා දිව්‍ය ප්‍රාසාදය සිය මහපට ඇඟිල්ලෙන් බඹරයක් සේ කරකැවූ, මහා ඉර්ධි බලය ඇති මහා මොග්ගල්ලානයන් වහන්සේට පවා කර්මය විපාක දෙන විට ඒ සියල්ල නැවතී ගියා.

අප මහා මුගලන් තෙරිඳුන්ගේ අධිෂ්ඨානය පරිදි ජීවිතය නිරුද්ධ වුණේ නෑ. නැවතත් ටිකෙන් ටික සිහිය ආවා. ධ්‍යාන බලයෙන් ලත් ඉර්ධියෙන් සිරුර වෙළවා. ස්ථීර කරගත්තා. ඒ සිරුරින් ම යළි නැගිට්ටා. සිවුරු පොරවා ගත්තා. අහසට පැන නැංගා. වේළුවනාරාමයේ වැඩහුන් භාග්‍යවතුන් වහන්සේ වෙත වැඩියා. ලේ වැකීගිය සිරුරින් යුතු මහා මුගලන් තෙරණුවෝ මහත් ආදරයෙන් නළල බිම තබා ශාස්තෘන් වහන්සේට වන්දනා කළා.

"ස්වාමීනී, භාග්‍යවතුන් වහන්ස, මාගේ ආයු සංස්කාර අවසන් වුණා. මා දැන් පිරිනිවන් පාන්ටයි යන්නේ."

"මොග්ගල්ලානයෙනි, දැන්...? පිරිනිවන් පාන්ට ද?"

"එසේය භාග්‍යවතුන් වහන්ස."

"හොඳයි මොග්ගල්ලානයෙනි, තොප පිරිනිවන් පාන්නේ කොහිද?"

"ස්වාමීනී, ඉසිගිලි පර්වත බෑවුමේ කාලසිලා ගල්තලාව මත ය."

"එසේ නම් මොග්ගල්ලානයෙනි, මට ධර්මය කියව. තොප වැනි ශ්‍රාවක පුත්‍රයෙකුගේ මේ අවසන් දැක්ම යි. මින් පසු දෙවියන් සහිත ලෝකයාට තොප දකින්ට අවස්ථාව නැත්තේය."

"එසේය ස්වාමීනී." යි කී අප මහමුගලන් තෙරණුවෝ තල්ගසක් පමණ උඩ අහසට පැන නැඟී නා නා ප්‍රකාර වූ ආශ්චර්යවත් වූත්, අද්භූත වූත්, විචිත්‍රවත් වූත්, දුටු දුටුවන් ගත ලොමුඩැහැගන්නා වූත් ඉර්ධි ප්‍රාතිහාර්ය මාලාවක් දැක්වුවා. අනිත්‍යය ගැන කියවෙන ධර්ම කතාවකුත් පැවසුවා. භාග්‍යවතුන් වහන්සේට වන්දනා කළා. අහසින් ම කාලසිලා ගල් තලාවට වැඩම කොට පිරිනිවන් පෑවා!

එසැණින් ම සකල දිව්‍ය ලෝකය ම කැළඹී ගියා. "අහෝ අපගේ ආචාර්යපාදයෝ පිරිනිවන් පා වදාළා නොවැ!" යි දෙවි දේවතාවෝ හඬන්ට පටන් ගත්තා. දිව්‍ය සුවඳ මල්, දිව්‍ය සුවඳ දුම්, සඳුන් කුඩු, නොයෙක් සුවඳ දර දෙවියන් විසින් ම ගෙන ආවා. අනූනව රියනක් උසට, සුවඳ විහිදෙන රත්සඳුන්වලින් ම චිතකය නිර්මාණය වුණා. භාග්‍යවතුන් වහන්සේත් එතැනට වැඩම කොට වදාළා. භාග්‍යවතුන් වහන්සේගේ මැදිහත් වීමෙන් ශ්‍රී දේහය චිතකය මත නැංවීම සිදුවුණා. ආදාහනය සිදුවන විට ඒ හාත්පස යොදුනක් පමණ ප්‍රදේශයට දිව්‍ය පුෂ්ප වර්ෂාවක් වැස්සා.

දෙවියන් අතර මිනිස්සුත් සිටියා. මිනිසුන් අතර දෙවියෝත් සිටියා. අනුක්‍රමයෙන් දෙවියන් අතර යකුනුත් සිටියා. යකුන් අතර ගාන්ධර්වයෝත් සිටියා. ගාන්ධර්වයන් අතර නාගයින් සිටියා. නාගයින් අතර ගුරුළෝ සිටියා.

ගුරුළන් අතර කිඳුරනුත් සිටියා. කිඳුරන් අතර කිඳුරියෝත් සිටියා. ඒ සියලු දෙනා අතර ජතු තිබුණා. ජතු අතරේ රන් සෙමර සෙලවුණා. රන් සෙමර අතරේ ධ්වජ සෙලවුණා. ධ්වජ අතරේ පතාකත් තිබුණා. සත් දිනක් පුරා මහමුගලන් තෙරුන් වෙනුවෙන් පුද සත්කාර ලැබුණා. ආදාහනය අවසන් වූ පසු මහමුගලන් තෙරිඳුන්ගේ ශාරීරික ධාතුන් වහන්සේලා වේළුවනාරාම ද්වාරකොටුවේ දාගැබක් තුළ තැන්පත් කෙරෙව්වා.

එදා වේළුවනයේ දම්සභා මණ්ඩපයේ රැස්වූ භික්ෂු සංඝයා අතර මේ කතාව ඇතිවුණා. "ඇවැත්නි, අපගේ සාරිපුත්තයන් වහන්සේ භාග්‍යවතුන් වහන්සේ සමීපයේ පිරිනිවන් පෑවේ නෑ. ඉන් නිසා භාග්‍යවතුන් වහන්සේ ළඟ සිටීමෙන් ලැබෙන මහා පුද සත්කාර උන්වහන්සේට ලැබුණේ නෑ. නමුත් අප මහමුගලන් තෙරණුවෝ භාග්‍යවතුන් වහන්සේ සමීපයේ පිරිනිවන් පෑ නිසා දේව, බ්‍රහ්ම, යක්ෂ, ගාන්ධර්ව, නාග, ගරුඩ, කින්නර, කින්නරී ආදී අනේක සත්වයන්ගෙනුත් පිදුම් ලැබුවා." ඒ අවස්ථාවේ භාග්‍යවතුන් වහන්සේ එතැනට වැඩම කොට වදාලා. භික්ෂු සංඝයා කතා කරමින් සිටි කරුණ භාග්‍යවතුන් වහන්සේට සැලකළා.

"මහණෙනි, මා සමීපයේ පිරිනිවන් පෑ අපගේ මහාමොග්ගල්ලානයන් සත්කාර ලැබුවේ මේ ආත්මයේ පමණක් නොවේ. මින් පෙර ආත්මයෙත් අවසන් මොහොතේ පූජා සත්කාර ලබා තියෙනවා." යි මේ අතීත කතාව ගෙන හැර දක්වා වදාලා.

යටගිය අතීතයේ බරණැස් පුර බ්‍රහ්මදත් නමින් රජෙක් රාජ්‍ය විචාරමින් සිටියා. එකල මහබෝධිසත්වයෝ

පුරෝහිත බ්‍රාහ්මණයාගේ දේවිය කුස පිළිසිඳ ගත්තා. දසමස් ඇවෑමෙන් සිඟිත්තා බිහි වූ මොහොතේ දොළොස් යොදුන් බරණැස් පුර තිබූ සියලු අවි ආයුධ එක්වර ම දිලිසුණා. එය දුටු පුරෝහිතයා වහා ගෙමිදුලට බැස්සා. අහස දෙස බැලුවා. 'නැකැත් තරු පිහිටා ඇති ආකාරයට නම් අද උපන් මගේ පුත්‍රයා මුළු දඹදිවට ම අග්‍ර දනු ශිල්පියා බවට පත්වෙනවා.' යි වටහා ගත්තා. පසුදා උදේ රජමැදුරට ගිය පුරෝහිත, රජතුමාගේ සුව දුක් විචාළා. එවිට රජ මෙය කීවා. "අනේ ආචාර්යපාදයෙනි, මොන සැප නින්දක් ද? අද මුළු මාලිගයේ ම සියලු අවි ආයුධ එක්වර ම දිලිසුණා නොවැ."

"හරි මහරජ, අද එසේ වුණා තමා. අපගේ නිවසේ සිඟිති පුතෙක් උපන්නා. අවි ආයුධ දිලිසුණේ ඒ නිසා වෙන්ට ඕනෑ."

"එතකොට ආචාර්යපාදයෙනි, ඒ දරුවාගෙන් අනාගතයේ මක් වේවි ද?"

"කිසි විපතක් නෑ රජ්ජුනි, ඒ දරුවා මුළු දඹදිවට ම අග්‍ර ධනුර්ධරයා වෙනවා. ඒ ගැන සැකයක් නෑ."

"ඉතින් එහෙනම් හරි අගෙයි නොවැ. එහෙනම් ඔහු ඇතිදැඩි කොට සුදුසු කල මට භාරදෙන්ට." කියා කිරිමිල වශයෙන් රන් කහවණු දහසක් පුරෝහිත අත තැබුවා.

පුරෝහිත නිවසට ගොස් බැමිණිය අතට මුදල් දුන්නා. පුතුට නම් තබන දා, උපන් කෙණෙහි ආයුධ දිලිසුන හෙයින් 'ජෝතිපාල කුමාරයා' යන නම තැබුවා. ජෝතිපාල කුමරු ඉතා හොඳින් වැඩුණා. වයස දහසය

වෙද්දී අතිශය ශෝභාසම්පන්න වුණා. පිය බ්‍රාහ්මණයා පුත්‍රයාගේ වැඩිදුර ඉගෙනීම පිණිස තක්සලාවට පිටත් කෙරෙව්වා. තක්සලා ගිය ජෝතිපාල කුමරා ඉක්මනින් ම ශිල්ප හැදෑරීම සාර්ථක ව නිමවා පෙරළා පැමිණෙන්ට සූදානම් වුණා.

එවිට දිසාපාමොක් ආචාර්‍යපාදයෝ ජෝතිපාල බ්‍රාහ්මණයාගේ ශිල්පීය දක්ෂතා කෙරෙහි අතිශයින් ම පැහැදුණා. වටිනා කඩුවකුත්, බැටළු අඟින් කළ හියොවුර සහිත දුනු මිටියත්, තමාගේ ම සන්නාහ යුද සැට්ටයත්, නලල්පටත් තෑගි කළා. පන්සියක් මාණවකයන්ට ශිල්ප උගන්වන්ටත් දුන්නා. ජෝතිපාල බ්‍රාහ්මණයා ආචාර්‍යපාදයන් වැඳ, සියලු තෑගි උපකරණත් ගෙන නැවත බරණැස අවුත් මාපියන් බැහැදැක වැන්දා.

පුරෝහිත බ්‍රාහ්මණයා සිය පුත්‍රයා කැඳවාගෙන ගොස් රජුට දැක්වුවා. රජතුමාත් පැහැදුණා. දිනපතා කහවණු දහසක වැටුපක් දී කුමාරයා රාජ්‍ය සේවයට බඳවා ගත්තා. වරක් අනෙක් ඇමතිලා ජෝතිපාල තරුණයාට වැඩි වැටුප් දීම ගැන කනස්සල්ලෙන් හිටියා. ඔහුගේ ශිල්ප දැක්වීම නොදැක වැඩි වැටුප් දීම හරි නැත කියා කීවා. ඒ හේතුවෙන් රජතුමා ජෝතිපාල තරුණයාගෙන් ශිල්ප දක්වන්ට කියා ඉල්ලා සිටියා. එතකොට ජෝතිපාලයන් රජ ඇතුළු මැති ඇමතිවරු සහිත මහජනයා විස්මයට පත් කරවමින් ශිල්ප දැක්වුවා.

එහිදී ජෝතිපාල තරුණයා ඊතල ශිල්පය දැක්වීමේදී, ඊ්වලින් ම අහසේ ප්‍රාසාද ආදිය පෙනෙන්ට සලස්වා, නැවත එක ඊයක් විද, ඒ සියලු ඊතල කඩා බිඳ දැමූ

හෙයින් ඔහුට 'සරහංග' යන නම කියන්ට ගත්තා. හිරු බැස යනවිටත් ඔහුගේ ශිල්ප දැක්වීම් අවසන් ව තිබුණේ නෑ. එතකොට රජතුමා "ජෝතිපාලයෙනි, අද කල් ගත වුණා නොවැ. තොපට අප පිරිනැමූ සේනාපති යානාන්තරය පිළිගැන්වීමේ උත්සවය හෙට ගන්නවා. සුවඳ පැන් ස්නානය කොට, කෙස් රවුල් අන්දම් තබා සරසා, හොඳින් සැරසී හෙට එන්ට." කියා එයට වියදම් පිණිස කහවණු ලක්ෂයක් දුන්නා.

ජෝතිපාල බ්‍රාහ්මණ මාණවකයා එදා ශිල්ප දැක්වූ විට තෑගි පිණිස ලද දහඅට කෙළක් පමණ ධනය නැවත හිමිකරුවන්ට දුන්නා. මහත් පිරිවර හා ස්නානය කිරීමට ගියා. කෙස් රවුල් අන්දම් තබා සර්වාලංකාරයෙන් සැරසුණා. අනුපම ශ්‍රී ශෝභාවෙන් යුතුව නිවසට පැමිණියා. ප්‍රණීත භෝජන අනුභව කොට සිරියහනේ සැතපී හිමිදිරියේ නැගිට්ටා. සයනය මත පලක් බැඳ වාඩිවුණා. තමා උගත් ශිල්පයෙහි මුල මැද අග විස්තර විමසන්ට පටන් ගත්තා.

'මේ ශිල්පයේ මුල ඉතා පිරිසිදු යි. විචිත්‍ර යි. නමුත් මැද වෙද්දී කෙලෙස් භාවිතයෙන් යුක්ත යි. මේ ශිල්පයේ අවසානය නම් නිරයේ උපත ලැබීම යි. පර පණ නැසීමත්, කෙලෙස් භාවිතයත් නිසා එයින් ම උදඟු ව ඇතිවන ප්‍රමාදයෙන් නිරයේ උපත ලබාදෙනවා. රජතුමා මට සෙන්පති යානාන්තරය දුන්නා. තව යස ඉසුරු ලැබෙවි. ඉදිරියේ බිරිඳ, දරුවන්, ධන සම්පත්, දේපල වස්තුව ආදිය නිසා ඒවා කෙරෙහි ආශාව අත්හැර ගන්ට බැරිව ම යි මරණයට පත්වෙන්ට වෙන්නේ. අද මට කරන්ට ඇති හොඳ ම දේ නම්, මේ සියල්ල අත්හැර හුදෙකලාවේ

වන වැදි සෘෂි පැවිද්දෙන් පැවිදි වීම යි.' සිතා සයනයෙන් නැගිට්ටා. කිසිවෙකුටත් නොදැනෙන්ට පහළට බැස්සා. ප්‍රධාන දොරටුවෙන් ම නික්ම ගියා. මෙසේ හුදෙකලාවේ ම පිටත් ව ගෝදාවරී නදී තෙර තුන් යොදුනක් පුරා පැතිර ගිය කපිට්ඨ වනය බලා පිටත් වුණා.

මහා බෝධිසත්වයෝ අබිනික්මන් කළ බව දත් සක්දෙවිඳු විස්කම් දෙව්පුතු කැඳෙව්වා. "දරුව, ජෝතිපාල බ්‍රාහ්මණ කුමාරයා අද අබිනික්මන් කළා. දැන් ඔහු ගෝදාවරී නදී තෙර කපිට්ඨ වනය බලා එනවා. අනාගතයේ අති විශාල පිරිසක් ඔහු හා එක් වෙනවා. එනිසා ගෝදාවරී නදී තෙර කපිට්ඨ වනයේ ආශ්‍රමයක් මවන්ට. පැවිදි පිරිකරත් සකසන්ට." කීවා. එවිට විස්කම් දෙව්පුතු වහා එය පිළියෙල කළා.

ජෝතිපාල මාණවකයා වනයට පිවිස අඩිපාරක මගක් ඔස්සේ එතනට ගියා. ගෝදාවරී නදී තෙර රමණීය තැනක්, පැවිද්දන් වසන තැනක් මෙන් දිස්වුණා. නමුත් කිසිවෙක් පේන්ට නෑ. කුටි සෙනසුන්, සක්මන් මළ, පැන් පොකුණු ආදියත් පැවිදි පිරිකරත් තියෙනවා. මෙය සක්දෙවිඳුගේ කටයුත්තක් බව ඔහුට වැටහුණා. ඉතින් ඔහු ගිහිවත් ඉවත් කළා. රත් පැහැ හණවැහැරින් කළ තවුස්වත් පොරවා හැඳ, අදුන් දිවි සම ඒකාංශ කරගත්තා. හිස ජටාමඬුලු බැඳ, පිරිකර ඔලොගුව කරේ එල්ලාගත්තා. සැරයටියත් අතට ගෙන කුටියෙන් එළියට වැඩියා. කීපවිදක් සක්මන් මළුවේ සක්මන් කළා. පැවිදි සිරියෙන් ශෝභමානව කසිණ භාවනාව පටන් ගත්තා. සත්වෙනි දින ධ්‍යාන, අභිඥා, අෂ්ට සමාපත්ති උපදවා ගත්තා. පිඬුසිඟා ලත් අහරිනුත්, වන අල ගෙඩි ආදියෙනුත් යැපුණා.

ජෝතිපාල බ්‍රාහ්මණයාට කුමක් වූයේ දැයි නොදැන මාපියන්, නෑ හිතමිතුරන් හඬමින් වැලපෙමින් ඔහු ගැන සොයන්ට පටන් ගත්තා. වනයේ හැසිරෙන එක් මිනිසෙක් ගෝදාවරී ගං තෙර වනයට පිවිස, කපිට්ඨාශ්‍රමයේ එළිමහනේ රන් පිළිමයක් සේ තනිව භාවනා කරන ජෝතිපාලයන්ව දැක හඳුනා ගත්තා. ඔහු සමඟ පිළිසඳර දෙඩා, යළි ඒ මිනිසා බරණැස ගොස් පුරෝහිත බ්‍රාහ්මණයාගේ නිවසට ගොඩ වුණා. "තොපගේ පුත්‍රයා වනයේ තවුසෙකු ව ඉන්නවා." කියා දැනුම් දුන්නා. පුරෝහිත එය රජුටත් දැනුම් දුන්නා. එතකොට රජතුමා "හරි... එහෙනම් අපි ගොහින් ඔහු දකිමු." යි කියා රජතුමාත් පුරෝහිතත් බැමිණියත් මහජනයා පිරිවරා වනයේ ඇවිදින මිනිසා කියූ මඟින් පිටත් වුණා. ගෝදාවරී නදී තෙර පැමිණියා. බෝධිසත්වයෝ නදී තෙර අහසේ පලක් බැඳ වැඩහිඳ බණ කීවා. රජු ඇතුළු එහි පැමිණි සියලු දෙනා නැවත හැරී ගියේ නෑ. එහි ම පැවිදි වුණා. තවුස් පිරිවර සහිතව ජෝතිපාල සෘෂිවරයා එහි ම වාසය කළා.

බරණැස් රජු ඇතුළු මහා පිරිසක් වනයක තවුස්දම් පුරන කතාව මුළු දඹදිව ම පැතිර ගියා. වෙනත් රටවල රජවරුත් ජනයා සමඟ අවුත් ජෝතිපාල සෘෂිවරයා සමීපයේ පැවිදි වුණා. අනුක්‍රමයෙන් කපිට්ඨාශ්‍රමයේ තවුස් පැවිද්දන් සිය දහස් ගණනින් පිරී ගියා.

යමෙකුගේ සිතේ කාම විතර්කයක් හෝ ව්‍යාපාද විතර්කයක් හෝ හිංසා විතර්කයක් හෝ වැනි අකුසල විතර්කයක සිත බැසගත් විට ජෝතිපාල සෘෂිවරයා වහා ඔහු ඉදිරියේ පෙනී සිටිනවා. ඔහුට බණ කියා නැවත

භාවනා අරමුණ පිරිසිදු කොට දෙනවා. ඒ උපකාරය නිසා ඔවුන් ඉක්මනින් ම ධ්‍යාන අභිඥා උපදවා ගත්තා.

ජෝතිපාල මහා සෘෂිවරයාට සාලිස්සර, මෙණ්ඩිස්සර, පබ්බත, කාලදේවල, කිසවච්ඡ, අනුශිෂ්‍ය, නාරද යන නමින් යුතු ජ්‍යෙෂ්ඨ ශිෂ්‍ය සෘෂිවරුන් සත්දෙනෙක් සිටියා. කලක් යද්දී කපිට්ඨාශ්‍රමය වාසයට ඉඩකඩ නැති තරමට තවුසන්ගෙන් පිරී ගියා.

එතකොට මහා සෘෂිවරයා සාලිස්සර ඇමතුවා. "සාලිස්සර පුත්‍රය, දැන් මේ ආශ්‍රමයේ තවුසන්ට ඉඩකඩ මදි. තොප මෙයින් තවුස් පිරිසක් රැගෙන මේධ්‍ය රජුගේ විජිතයේ ලම්බචූලක නියම්ගම ඇසුරු කොට වසන්ට." "එසේය ආචාර්යපාදයෙනි." කියා ඔහු නොයෙක් දහස් ගණන් තවුසන් සමග එහි ගොස් වාසය කළා.

මිනිසුන් තව ඇවිත් පැවිදි වෙද්දී යලිත් කපිට්ඨාශ්‍රමයේ ඉඩකඩ මදි වුණා. එතකොට මහා සෘෂිවරයා මෙණ්ඩිස්සර ඇමතුවා. "මෙණ්ඩිස්සර පුත්‍රයෙනි, තොප මේ තවුස් පිරිස් ගෙන සුරට්ඨ ජනපදයේ සීමා අතර ඇති සාතෝදිකා නදී තෙර වනයේ වාසය කරන්ට." කියා පිටත් කෙරෙව්වා. මේ ක්‍රමයෙන් තුන්වැනිව පබ්බත අමතා "පුත පබ්බතයෙනි, තොප මහවනයට ගොහින් එහි ඇති අංජන පර්වතයේ මේ පිරිසත් සමග වාසය කරන්ට." කියා පිටත් කෙරෙව්වා.

සිව්වන වාරයේ කාලදේවල සෘෂිවරයාට දක්ඛිණපථයේ අවන්ති රටේ සනසේල පබ්බත නම් තැන වසන්ට කියා තවුස් පිරිස් සමග පිටත් කෙරෙව්වා. නැවතත් කපිට්ඨාශ්‍රමය නවක තවුසන්ගෙන් පිරුණා. එතකොට මහසෘෂිවරයා, තවුස් පිරිසකුත් සමග දණ්ඩකී නම් රජුගේ

විජිතයේ කුම්භවතී නගරයේ සෙන්පතිතුමාගේ උපස්ථාන ඇතිව වසන්ට කියා කිසවච්ඡ තවුසා පිටත් කෙරෙව්වා. නාරද සෘෂිවරයාට ලැබුණේ මධ්‍ය දේශයේ අංජනගිරි නම් පර්වත වළල්ලේ වාසය කිරීමට ය. අනුශිෂ්‍ය නමැති සෘෂිවරයා ජෝතිපාල මහාසෘෂි ළඟින් ම වාසය කළා.

ඒ කාලයේ කුම්භවතී නගරයේ දණ්ඩකී රජතුමා යටතේ ලාභ සත්කාරයෙන් අග්‍ර ව එක් ගණිකාවක් සිටියා. දිනක් රජතුමා ඇයව නගරශෝභිනී තනතුරෙන් පහ කළා. ඇ සාමාන්‍ය වෛශ්‍යා ස්ත්‍රියක් වශයෙන් කටයුතු කරගෙන ගියා. දිනක් ඇ උයනට යද්දී නිශ්ශබ්ද ව වාඩි වී සිටින කිසවච්ඡ තවුසා දැක්කා. දුටු පමණින් අපැහැදුණා. 'ඕ... මහා කාලකණ්ණියෙක් නොවැ මේ ඉන්නේ. මේකාගේ සිරුරට මයෙ වස් දොස්, අපල උපාදා දමා ගසා ස්නානය කොට යන්ට ඕනෑ.' යි සිතා තවුසා අසලට පැමිණියා. හැමට පළමු දැහැටියෙන් දත් මැද, තවුසාගේ හිස මත කාරා කෙළ ගසා, තවුසාගේ හිස ජටාමඩුලු පුරා කෙළ ගසා, දැහැට්ටත් හිස මතට ම දමා ගසා ගියා. ගොස් හිස පටන් හොඳින් ස්නානය කළා. එදා ම දණ්ඩකී රජුට ඇය මතක් වුණා. නැවතත් නගරශෝභිනී තනතුර දුන්නා. එතකොට මෝහයෙන් මුළා වී සිටි ගණිකාව මෙය සිතුවා. 'මං උයනේ සිටි කාලකණ්ණි තවුසාගේ ශරීරයේ මගේ සියලු පව්, වස් දොස් මුදාහැරියා. ඉන් නිසා තමයි මට පරණ ඨානාන්තරය ලැබුණේ. මේ යස ඉසුරු සියල්ලත් ඒ නිසා ම යි.'

ටික කලකදී රජතුමා පුරෝහිත බමුණාත් තනතුරෙන් පහකළා. ගණිකාව නැති වූ ඨානාන්තරය ලබන්ට හේතු වූ කරුණ පැතිර ගොස් තිබූ නිසා ඔහු කෙලින් ම

ගොහින් ඈ මුණගැසුණා. "අනේ නඟා, ඇත්ත කියාපං. තී කොහොමෙයි නැති වූ ධ්‍යානාන්තරය හදාගත්තේ?"

"බ්‍රාහ්මණය, ඒක මෙහෙමයි වුණේ. මං දවසක් දා උයනට ගියා. එහි ඉතා ම කෙට්ටු, නහර ඉල්පී ගිය, හිස ජටා බැඳි තවුසෙක් ඉන්නවා. එයැයි දුටු ගමන් මට සිතුණා මේකා මහා කාලකණ්ණියෙක් කියා. මේකාගේ සිරුරට මයෙ වස් දොස් ඔක්කෝම මුදාහරින්ට ඕනෑ ය කියා සිතුවා. ඉතින් මං දැහැටි සපා, කෙළ සොටු දමා, දැහැට්ටෙන් හිසටත් ගසා ගොහින් නාගත්තා. ඉන් පස්සේ සිතු ලෙස ම හරි ගියා නොවැ. නගරශෝභිනී ධ්‍යානාන්තරය ආයෙ ම ලැබුණා."

පුරෝහිතත් ඒ අදහස සිතට ගත්තා. ඔහුත් උයනට ගියා. කිසවච්ඡ සෘෂිවරයා වෙතට ගොස් ගණිකාව කළ අයුරින් ම කාරා කෙළ ගසා, දැහැටි දඬුවෙන් දමා ගසා ගොහින් ස්නානය කළා. රජතුමා බ්‍රාහ්මණයා කැඳවා පුරෝහිත තනතුර දුන්නා. බමුණාත් තවුසාගේ සිරුරට තම පව් මුදාහළ නිසා නැති වූ තනතුර ලැබුණු බවට මිථ්‍යා විශ්වාසයක් ඇති කරගත්තා.

ටික කලක් යද්දී දණ්ඩකී රජුට අයත් පසල් දනව්වක කැරැල්ලක් හටගත්තා. රජතුමා සේනාවත් පිරිවරාගෙන එය සංසිදවීම පිණිස නික්මුණා. මෝහයෙන් මුලා ව මිසදිටුව ගත් පුරෝහිතයා රජු ඇමතුවා. "මහරජුනේ, තමුන්නාන්සේ මේ යුද්ධයේදී කැමති ජයක් ලබන්ට ද? නැත්නම් පරාජය ද?" "පුරෝහිත, මොකෝ එහෙම අහන්නේ? අපි මේ යන්නේ ජය ගන්ට නොවැ."

"හරි... එහෙනම් රජුනේ, ඒ සඳහා එක්තරා

වතක් කරන්ට ම වෙනවා. රාජ උද්‍යානයේ එක්තරා කාලකණ්ණියෙක් ඉන්නවා. ඒකාගේ සිරුරට සියලු පව්, වස් දොස් මුදාහැර යන්ට ඕනෑ. ඊට පස්සේ ගොහින් ස්නානය කොට පිටත් වෙන්ට ඕනෑ. ආයෙ දෙකක් නෑ. කිරිගහට ඇන්නා වගේ දිනුම තමුන්නාන්සේ අතේ තියේවි.”

අඥාන රජතුමාත් ඔහුගේ මිසදිටුව පිළිගත්තා. සියලු සේනාව ඇමතුවා. “රාජපුරුෂයෙනි, මා සමග යුද්ධයට පිටත් වෙන්ට පළමු සියල්ලෝ ම නොවැරදි ම හැමට පළමු කළයුතු වතක් තියෙනවා. රාජ උයනට ගොහින් දෑහැටි කා, කෙලත් සොටුත් දෑහැටිත් එහි හිදින කාලකණ්ණියාගේ හිස මතට හෙලා ගසා දමා ස්නානය කොටයි පිටත් විය යුත්තේ.” කියා රාජාඥාව නිකුත් කළා. ඔවුන් සියලු දෙන රජුගේ නියමය පරිදි කිසවච්ඡ තවුසා වැසෙන තුරු කෙළ සොටුවලින් ද දෑහැටිවලින් ද ගසා දමා පිටත් වුණා.

ඔවුන් පිටත් ව ගිය පසු මේ වග සැලවූ කිසවච්ඡ සෘෂිවරයාගේ උපස්ථායක සෙන්පති වහා දිව ආවා. කෙළින්, සොටුවෙන්, දෑහැටි දඬුවෙන් නැහැවී සිටි තවුසා දැක්කා. ඉක්මනින් ඒ සියලු අපද්‍රව්‍ය ඉවත් කොට සුවඳ පැන්වලින් ස්නානය කෙරෙව්වා. පිරිසිදු කෙරෙව්වා. ඒ වෙද්දී තවුසා සිටියේ ගිලන් ව යි. තවුසාට වන්දනා කළ සෙන්පති මෙය ඇසුවා. “අනේ ස්වාමීනී, මේ භයානක පාප කර්මය රජ්ජුරුවන්ට කෙසේ බලපාවි ද?”

“ඇවත, ඒ අය කළ කිසි දෙයක් ගැන මා තුළ නම් තරහක් අමනාපයක් උපන්නේ නෑ. නමුත් දේවතාවෝ කිපුණා නොවැ. තව දවස් හතක් ගෙවෙන තැන මුළු

රට ම විනාශ වෙනවා. තොපට හැකියාවක් ඇතොත් හැකිතාක් ඉක්මනින් මේ දණ්ඩකී රජුගේ විජිතයෙන් පලායන්ට."

එතකොට සේනාපති බියෙන් තැතිගත්තා. වහා දිවගොස් රජතුමාට එකරුණ සැලකළා. කලින් ම මිසදිටුව පිළිගෙන සිටි අඥාන රජතුමා ඔහුගේ වචනය ගණනකට ගත්තේ නෑ. සෙන්පති යුද්ධයට නොගොස් නැවතුණා. වහා ගෙදර ගියා. අඹුදරුවන් රැගෙන වෙනත් රටකට පලා ගියා.

දණ්ඩකී රජුගේ රාජ්‍යයට සිදුවෙන්ට යන දේ සරභංග මහා සෘෂිවරයා දිවැසින් දැක්කා. දැක ඉර්ධිමත් යොවුන් තවුසන් දෙදෙනෙකු අහසින් එව්වා. කිසවච්ඡ තවුසා සැතපී සිටි ඇද පිටින් ම ඔසොවාගෙන කපිට්ඨාශ්‍රමයට ගෙන්වා ගත්තා.

රජතුමා පසල් දනව්වට ගොස් යුද්ධය දින්නා. නැවතත් ජයග්‍රාහී ලීලාවෙන් කුම්භවතී නුවරට සේනාව පිරිවරා ආවා. ඔවුන් ආ විට දේවතාවෝ වැස්සක් වැස්සුවා. ඒ මහා වරුසාවෙන් නගරයේ සියලු කැළි කසළ ගසාගෙන ගියා. ඊළඟට පිරිසිදු වැලි කුණාටුවක් වැස්සා. ඒ මත දිවමල් වරුසාවක් වැස්සා. ඒ මත මසුරන් වරුසාවක් වැස්සා. ඒ මත කහවණු වැස්සක් වැස්සා. ඒ මත දිව්‍යාහරණ වැස්සක් වැස්සා. මිනිස්සු මහත් සතුටට පත්වුණා. ගෙයක් ඇතුළේ එක්කෙනෙක්වත් සිටියේ නෑ. සියලු දෙනාත් ආභරණ ලෝභයෙන් එළියට පැන්නා. ආභරණ එකතු කරන්ට පටන් ගත්තා. එතකොට ගිනිගත් ආයුධ වරුසාවක් වැස ඒ සියලු මිනිසුන් කැලිවලට කැපී

ගියා. ඔවුන් මත මහා ගිනි අඟුරු වරුසාවක් වැස්සා. ඒ මත රියන් හත අටක් උසට හිටින්ට සියුම් වැලි වරුසාවක් වැස්සා. මෙසේ දණ්ඩකී රජුගේ සැට යොදුන් විශාල රට මුළුමනින් ම මිනිස් වාසයෙන් තොර වුණා. දණ්ඩකාරණ්‍යය බවට පත්වුණේ එය යි. මෙසේ ඒ රට නැසී ගිය පුවත මුළු දඹදිව ම ප්‍රකට වුණා.

ඒ ආසන්නයේ ඇති වෙනත් රටවල කාලිංග, අට්ඨක, භීමරට නමින් රජවරු තිදෙනෙක් සිටියා. ඔවුන් මෙය කතා වුණා. "අනේ අපි අසා තියෙනවා ඔයිට කලිනුත් මෙවැනි දේ වුණා ය කියා. එක් වරක් බරණැස කලාබු රජ ක්ෂාන්තිවාදී තවුසාට අපරාධ කළා. එයැයි පොළොව පළාගෙන ගිලුණා කියනවා.

තවත් වරක නාළිකේර රජ සුනබයන් ලවා සිල්වත් තවුසන් කවා විනාශ වුණා. ආයෙ වරක් සහස්සබාහු අර්ජුන රජ අංගීරස තවුසාට අපරාධ කොට විනාශ වුණා. දැන් ඉතින් මෙවරත් දණ්ඩකී රජ කිසවච්ඡ තවුසාට අපරාධ කොට විනාශ වුණා නොවැ. මේ රජවරු සතර දෙනා යළි උපන්නේ කොහිදැයි කියා කවුරුවත් දන්නෑ. හැබැයි සරභංග මහසෘෂිවරයා හැර එය දන්නා වෙන කවුරුත් සිටින්ට විදිහක් නෑ. අපි ගොහින් මහසෘෂි බැහැදැක මේ ප්‍රශ්නය අසා විසඳා ගමු." යි ඒ තුන් රජවරු මහත් පිරිවර සමඟ පිටත් වුණා. ඉතින් ඔවුන් වෙන් වෙන්ව පිටත් ව ගියත් එක් තැනකදී මුණගැසුණා. එතනදී ඒ රටවලින් බැස තනි රටයකට තුන් දෙනා ම නැග්ගා. ගෝධාවරි නදීතෙරට පැමිණියා. ඔවුන් වටා මහා පිරිසක් එක්වුණා.

එකෙණෙහි   පාණ්ඩුකම්බල   ශෛලාසනයේ අසුන්ගෙන සිටි සක්දෙවිදුගේ සිතෙත් ප්‍රශ්න සතක්

හටගත්තා. 'සරහංග මහසෂි හැර දෙවියන් සහිත ලෝකයේ මේවා විසඳා දෙන්ට කවුරැත් නෑ. දැන් මේ රජුන් තිදෙනකු සරහංග මහසෂිගෙන් ප්‍රශ්න විචාරන්ට ගෝදාවරී නදී තෙර ගොහින් ඉන්නවා. මාත් මේ ප්‍රශ්න විසඳා ගැනීමට යන්ට ඕනෑ.' යි සිතා චාතුම්මහාරාජික, තව්තිසා යන දෙව්ලෝ දෙකේ ම දෙවිවරැන් පිරිවරා දෙව්ලොවින් නික්මුණා.

එදා ම කිසවච්ඡ සෂිවරයා අපවත් වූණා. ඒ තවුසාගේ දේහය පිළිබඳ අවසාන කෘත්‍යය සිදුකිරීමට සිව් දිශාවෙන් නොයෙක් සිය දහස් ගණන් සෂිවරැ එහි රැස්වූණා. මණ්ඩපයකුත් කෙරෙව්වා. ඉතා අලංකාර ලෙස සඳුන් දරින් චිතකයක් කොට දේහය ආදාහනය කළා. ආදාහන භූමිය හාත්පස අඩ යොදුනක් පමණ ප්‍රදේශයේ දිව්‍ය කුසුම් වර්ෂාවක් වැස්සා. සරහංග මහාසෂි කිසවච්ඡ තවුසාගේ සිරැර බැහැර කිරීම කරවා ආශ්‍රමයට පිවිසුණා. සෂිවරැන් පිරිවරා වාඩිව සිටියා.

ඒ රජවරැන් ගෝදාවරී ගං තෙර ආ විට මහත් සෝෂාවක් හා තූර්යනාද ශබ්දත් පැතිරී ගියා. සරහංග මහාසෂි ඒ හඬ අසා අනුශිෂ්‍ය තවුසා ඇමතුවා. "පුත්‍රය, ගොහින් බලාගෙන එන්ට කුමක්ද ඒ ශබ්දය කියා."

අනුශිෂ්‍ය තවුසා කළයත් ගෙන එහි ගොස් රජවරැන් දැක ඔවුන්ගෙන් මෙය ඇසුවා.

01. කොඩොල් අබරණින් සුලකළ වතින් සැරසිලා
විදුරැමිණි මුතුත් හැද කළ අසිපතුත් දරා
රජවරැනි, තොපත් මෙහි අද කිම ද පැමිණිලා?
මිනිස් ලොව තොප කවුරැ ද නොම දනිමි මෙමා

තවුසාගේ වචනය ඇසූ රජවරු රටයෙන් බැස වැද සිටගත්තා. අට්ඨක රජ මුලින් ම කතා කළා.

02. මම අට්ඨක රජ ය, මොහු ය හීමරට
    මේ ඉන්නා අනික් කෙනා නමින් කලිඟු රජ
    සෘෂිවරුන් ඇතැයි සිතා මෙහි ඉතාම සංවර
    සරභංග මහා සෘෂිවරයත් හොඳින් බැහැදැක
    ප්‍රශ්නවලට විසඳුම් ගන්ටයි අපගේ සිත

එතකොට අනුශිෂ්‍ය තවුසා "ඉතා හොඳයි මහරජවරුනි, ප්‍රශ්නවලට විසඳුම් සොයා ආ යුතු තැනට ම යි තොප ආවේ. එසේ නම් ස්නානය කොට දැන් විවේක ගන්ට. ඊළඟට ආශ්‍රමයට පිවිස සෘෂිවරුන්ටත් වන්දනා කොට මහසෘෂිතුමාව බැහැදකින්ට පුළුවනි." යි ඔවුන් හා පිළිසඳර කතාබස් දෙඩුවා.

අනුශිෂ්‍ය තවුසා නදියට බැස කළයට වතුර පුරවද්දී ආලෝකයක් ජලයට වැදී තිබුණා. අහස දෙස බැලුවා. සතරවරම් දෙව්රජවරුත්, දෙව්වරුත් පිරිවරාගත් සක්දෙවිඳු ඒරාවණ හස්තිරාජයා පිට නැඟී පහළට එන බව දැක්කා. දැක සක්දෙවිඳු හා කතා කරමින් මෙය කීවා.

03. පසළොස්වක පොහො දා නැඟි පුන් සඳක් වගේ
    බබළයි තොප සිටිනවානෙ නිල් අහස් ගැබේ
    මහනුභාව දෙවිඳුනි, මෙය අසන්ට මට සිතේ
    මනුලොව තොප ගැන අපි හඳුනා ගනිමුද කෙසේ?

සක්දෙවිඳු :-

04. සුජම්පති කියා දෙවියෝ කියත් ද යමෙකුට
    මසවා යයි කියති මිනිස් ලොවේ එයා හට

ඒ සක්දෙවි මම ය ආවෙ අද දින මෙතනට
මනාව සංවර සෘෂිවරු වැඳ බැහැදැකුමට
මහසෘෂි සරහංගයන්ව පළමුව වැඳගෙන
විසඳාගත යුතු ගැටලුත් අසන්ට ඇත මට

එය ඇසූ අනුශිෂ්‍ය තවුසා "ඉතා හොඳයි දෙවිඳුනි, එහෙනම් තොප පසුව එන්ට." කියා පැන් කළයත් ගෙන ආශ්‍රමයට ගියා. පැන් කළය තැන්පත් කොට රජවරුන් තිදෙනාත් සක්දෙවිඳුත් ගැටලු විසඳාගන්ට ඇවිත් ඉන්නවා ය කියා සරහංග මහසෘෂිට දැනුම් දුන්නා.

එතකොට සරහංග මහසෘෂිවරයා දහස් ගණන් සෘෂිවරුන් පිරිවරාගෙන විසල්මාලකයේ වාඩිවුණා. පළමුව තුන් රජවරු ඇවිත් සෘෂීන්ට වන්දනා කොට එකත්පස්ව හිඳගත්තා. සක්දෙවිඳු පහළට බැස සෘෂීන් වෙත එළඹ වන්දනා කොට, ඇඳිලි බැඳ සිටගෙන සෘෂිවරුන්ට ප්‍රශංසා කරමින් මේ ගාථාව කීවා.

05. ඉර්ධි ගුණැති මෙහි සෘෂිවරු මහ පෙළහර පානා
අසන්ට ලැබුණානෙ අපට දුර දෙව්ලොව සිටිනා
සතුන් අතර මිනිස් ලොවේ ඉහළින් වැඩසිටිනා
උතුම් තවුසනෙ තොපහට වඳිමි පහන් සිතිනා

මෙසේ සෘෂිවරුන්ට ප්‍රශංසා කොට වන්දනා කළා. ඊට පසු සක්දෙවිඳු සෘෂිවරුන්ගේ සිරුර පිසඳා හමා එන යටි සුළං ඇඟ වදින තැන හිඳගත්තා. මෙය දුටු අනුශිෂ්‍ය තවුසා සක්දෙවිඳුට මෙය කීවා.

06. දහස් නුවණැසින් යුතු දෙව්රජුනේ මෙහි හිඳිනා
සෘෂිවරුන්ගෙ කය පිසඳා එන සුළඟකි හමනා

දහඩිය ගද හමයි එයින් සිතට සතුට නොඑනා
එනිසා හිඳ ගනු මැන අන් තැනක ඔබට සිතෙනා

එය ඇසූ සක්දෙවිඳු එයට පිළිතුරු වශයෙන් මෙය
කීවා.

07. සෘෂිවරුනගෙ කය පිසදා එන සුළඟකි හමනා
දහඩිය ගද හමයි එයින් සිතට සතුට නොඑනා
විසිතුරු මල්මාලා ඇත එහි සුවඳ ම හමනා
එලෙසින් දෙවියන් කැමති ය මේ සුළඟත් හමනා
පිළිකුල් හැඟුමක් නැත මෙහි සතුටකි මින් ලැබෙනා

මෙය පැවසූ සක්දෙවිඳු "අනේ ස්වාමීනී, අපි මහත්
උත්සාහයකින් මෙහි ආවේ ප්‍රශ්නවලට විසඳුම් ලබා
ගන්ටයි. ඒ සඳහා අවසර දුන මැනව." යි පැවසුවා. එවිට
අනුශිෂ්‍ය තවුසා හුනස්නෙන් නැගිට සෘෂි සමූහය වැඳ
සක්දෙවිඳුට ප්‍රශ්න විචාරන්ට ඉඩ සලසමින් මේ ගාථාවන්
කීවා.

08. පුරින්දද ය, භූතපති ය, සක්දෙව් ය යසස් ඇති
සුජම්පති ය, මසවා, වාසව දෙවිරජෙකි ය නුවණැති
අසුර පිරිස මැඩලන හේ, දෙදෙව්ලොවට ම අධිපති
ආවා අද මෙහි අසන්ට, ප්‍රශ්න ද සිත ඇති

09. මෙහි ඉන්නා නුවණැති සෘෂිවරයන් අතුරින්
කවුරු ද විසඳා දෙන්නේ අසනා පැනයන්?
රජ තුන් කට්ටුවක් සිටිති අද ඒ වෙනුවෙන්
වාසව සක්දෙවිඳුත් මෙහි සිටී ය ඇවිදින්

එවිට සෘෂිවරු අනුශිෂ්‍ය තවුසාට මෙය කීවා.
"හැබෑටම අනුශිෂ්‍ය තාපසය, ඔයෑයි කතා කරන්නේ

පොළොවේ පිහිටා සිටින කෙනෙක් පොළොව හදනන්නැ
වගේ නොවැ. අපගේ සරභංග මහසෂිතුමා හැර මෙහි
ප්‍රශ්න විසඳන්ට සමත් වෙන කවුරු ද ඉන්නේ?” කියා
මේ ගාථාව කීවා.

10. මේ මහසෂිතුමා සරභංග ය යස ඇති
    උපන් දා පටන් බඹසර රකිනා නුවණැති
    පුරෝහිත පුතෙකි මැනවින් දැමුනු ගුණය ඇති
    මොහු හැම පැනයට නිසි පිළිතුරු දෙනවා ඇති

මෙසේත් කියා සෂි සමූහයා අනුශිෂ්‍ය තවුසාට මෙය
කීවා. “නිදුක, තොප ම මහසෂිතුමන්ට වන්දනා කොට,
සෂි සමූහයාගේ වචනයෙන් සක්දෙවිඳුට ප්‍රශ්න විචාරන්ට
අවස්ථාව සලසා දෙන්ට.” “එසේය නිදුක්වරුනි.” කියා
අනුශිෂ්‍ය තවුසා සරභංග මහසෂිට වන්දනා කරමින් මේ
ගාථාව කීවා.

11. කොණ්ඩඤ්ඤ ගෝත්‍රයේ මහා සෂිවරය,
    මේ අය අසන පැන විසඳා දෙනු මැනව
    ශ්‍රේෂ්ඨ සෂිවරය, යදිති තොප මේ සෂි ගණ
    නුවණින් වැඩිමලා ම ය පැන විසඳුමට හොඳ
    මිනිසුන් අතර ඇති මෙය ද යහපත් ගුණයකි

එවිට සරභංග මහසෂිවරයා පැන විචාරන්ට ඉඩ
සලසමින් මේ ගාථාව කීවා.

12. සිතා ආවේ ද පින්වත්නි, තොප
    පැන ඇසීමට කැමති වී මෙහි
    එයට අවකාශ ඇත, අසත්වා ඒ පැන
    මෙලොව පරලොව තතු හොඳින් දැන
    ඒ හැම පැනයට දෙන්නෙමි විසඳුම

13. එවිට දිවියේ අරුත් දකිනා, මසවා, පුරින්දද සක්දෙවි
    සිතේ රැඳවා ආවේ ද යම් පැනයක්
    එය පළමුව ඇසී, සරභංග මහාසෘෂිගෙන්

14. කුමක් නැසීමෙන් ද කිසිදා සෝක නොකරන්නේ?
    කුමක නැසීම ද සෘෂිවරුන් පසසන්නේ?
    කවුරු කිව් පරුෂ බස් ද ඉවසිය යුතු වන්නේ?
    කොණ්ඩඤ්ඤ මහසෘෂිවර, මෙය මට විසඳුව මැනව

    සරභංග මහසෘෂි :-

15. ක්‍රෝධය නැසූ අය කිසිදා ශෝක නොකරත්
    ගුණමකු ගතිය වැනසුම, නිතර සෘෂිවරු පසසත්
    ඉවසිය යුතුය පරුෂ බස්, එය කවුරු කීවත්
    සත්පුරුෂයාගේ ඉවසීම, උතුම් ක්ෂාන්තිය යි කියත්

    සක්දෙවි :-

16. තමා හා සම කෙනෙක් පරුෂ බසකින් බැන්නොත්
    තමාට වඩා උසස් අයෙකුත් පරුෂ බසින් බැන්නොත්
    ඒ දෙක ඉවසිය හැකිමුත්, තමාට වඩා පහත් අයෙක්
    පරුෂ වදනින් බැන්නොත්, එය කෙසේ ඉවසම් ද?
    කොණ්ඩඤ්ඤ මහසෘෂිවර, මෙය මට විසඳුව මැනව

    සරභංග මහසෘෂි :-

17. උතුම් අය පරුෂ බසින් බැන්නොත්, ඉවසයි බිය නිසා
    සම වූවෙක් එසේ බැන්නොත්, එකට එක කළ හැකිය
    පහත් අයෙක් පරුෂ බසින් බැන්නොත්, ඉවසයි නම්
    ඒ ඉවසීමට ය උතුම් ක්ෂාන්තිය කියන්නේ

    මහ සෘෂිවරයා මෙසේ පිළිතුරු දුන් විට සක්දෙවිඳු

මෙය ඇසුවා. "එතකොට ස්වාමීනි, තමුන්නාන්සේ මුලින් කීවා නොවැ කවුරු පරුෂ වචනයෙන් බැන්නත් ඒ සියල්ලන්ගේ බැණ වැදීම ඉවසන්ට ඕනෑ කියා. උතුම් ක්ෂාන්තිය කියන්නෙත් එයට ය කීවා නොවැ. දැන් කියන්නේ වෙනත් එකක්. පහත් අයෙක් පරුෂ වචනයෙන් බැන්න විට ඉවසන එක තමා උතුම් ක්ෂාන්තිය කියා. එතකොට කලින් කී විසඳුම පසුව කී විසඳුමට ගලපා ගන්ට බෑ නොවැ."

"සක්දෙවිඳ, අන්තිමට මං කීවේ මේ පරුෂ වචන කිව් තැනැත්තා පහත් අයෙක්. ඉන් නිසා ඔහුගේ පරුෂ වචනයෙන් බැණ වැදීම ඉවසන එක උතුම් ක්ෂාන්තිය කියලයි. මං මුලින් ම සියලු දෙනා විසින් ම කියන පරුෂ වචන ඉවසීම හොඳ ය, එය උතුම් ක්ෂාන්තිය ය කීවේ මේ අර්ථයෙන්. ඒ කියන්නේ, කෙනෙකු දුටු පමණින් අපට දැනගන්ට පුළුවන් ද මෙයැයි ශ්‍රේෂ්ඨයි, මෙයැයි උතුම් කියා? බෑ නොවැ. කලක් ඇසුරු කිරීමෙන් තොරව අපි කොහොමෙයි පුද්ගලයෙකු උසස් පහත් වශයෙන් තෝරා බේරා ගන්නේ? දුටු පමණින් පුද්ගලයන් මනින එක අමාරු වැඩක් නොවැ."

18. හිඳින සිටින ඇවිදින නිදන සිව් ඉරියව්වක් ඇත
    උසස් පහත් සමාන කවුරුත් හැම ඉරියව්වල ඇත
    උතුම් ගුණවතුන් ලොව සිටිති අවලස්සන ව
    එනිසයි කීවේ, හැමදෙන කියූ පරුෂබස් ඉවසව කියා

එතකොට සක්දෙවිඳු මෙය කීවා. "එක හරි ස්වාමීනි, හැම කෙනෙකු ම කරන්නේ සිව් ඉරියව් පැවැත්වීම නොවැ. ඉතා උදාර ගුණවන්තයින් ඉන්ට පුළුවනි කිසි

පියකරු පෙනුමක් නැතිව. ඒ ගැන මට හරි විසඳුම දැන් ලැබුණා. එතකොට ස්වාමීනී, ඉවසීම නිසා අපට අත්කර ගන්ට ඇති පලපොරොජන් මොනවාද?" මහසෂිවරයා ගාථාවෙන් පිළිතුරු දුන්නා.

19. ඉවසන ගුණවතාට ලැබේ නම් යම් සෙතක්
     සේනා ඇතිව යුද කළ රජුටවත් නොලැබේ ඒ සෙත
     අනුන්ගෙන් තමාට වෙන ගැහැට ඉවසිය හැකි කෙනා
     ඉවසීමේ බලයෙන් වෙර තරහ සංසිඳුවා ගන්නවා

මෙසේ සරහංග සෂිවරයා හා සක්දෙවිඳු කතා කරමින් ඉවසීමේ ගුණය විස්තර කරද්දී රජවරු තුන්දෙනා මෙය සිතුවා. 'සක්දෙවිඳු තමාගේ ප්‍රශ්න පමණක් අසමින් ඉන්නවා. අපට එතකොට ප්‍රශ්න අසන්ට අවස්ථාවක් නැද්ද?' ඔවුන්ගේ අදහස දුටු සක්දෙවිඳු තමා විසින් අසන්ට සිතා උන් සිව්වෙනි ප්‍රශ්නය ඇසුවේ නෑ. ඒ රජවරුන් ඇසිය යුතු ප්‍රශ්නය අසමින් මේ ගාථාව කීවා.

20. මහසෂිවර, තොපගේ සුභාෂිතය අනුමෝදන් වෙමි
     දැන් තොප වෙතින් වෙනත් ප්‍රශ්නයක් මම අසමි
     දණ්ඩකී රජ, නාළිකීර රජ, අර්ජුන හා කලාබු රජ
     යන මේ රජවරු ඉතා භයානක පව් කළා
     සෂිවරුන්ට වධ දුන් මොවුන් කොහෙද උපන්නේ?

සරහංග මහාසෂි :-

21. කිසවච්ඡ තවුසා පෙළූ ඒ දණ්ඩකී රාජා
     රටත් ජනයාත් සමග කුසල් මුලුත් සිඳ ගත්තා
     උණු අළු නරකයෙහි දැන් ඔවුන් පැසෙනවා
     උන්ගේ සිරුරු මත ගිනි අඟුරු නිති වැටෙනවා

22. සංවර ඉඳුරන් ඇති, දූෂිත නොවූ සිත් ඇති
ශාන්ත විහරණ ඇති, දම් දෙසූ පැවිද්දන් හට
නාළිකීර නම් රජා, සුනබයන් ලවාත් වඩ දුන්නා
නිරයේ දැන් ඔහුව, සුනබයෝ වටකොට කති

23. බොහෝ කල් බඹසර රකි, මනා ඉවසීම ඇති
ගෞතම ගෝත්‍රයේ අංගීරස තවුසා හට
වඩ හිංසා කළ අර්ජුන නම් රජා
පා උඩට හිස යටට හිට, සැත්හුල් නිරයේ වැටුණා
දැන් ඔහු ඒ නිරයේ බොහෝ දුක් විඳිනවා

24. දූෂිත සිතින් තොර, ඉවසීම ගැන දම් දෙසූ
සිල්වත් තවුසා දැක, කලාබු රජා කිපුණා
තවුසාට වඩ දී, කඩ කොට කපා දැම්මා
මහා ප්‍රතාප නම් බිහිසුණු නිරයේ ඔහු පැහෙනවා

25. නැණවතා ඇසුවිට පව්කාරයා නිරයට ගිය වග
මේ කියූ නිරයටත් වඩා බිහිසුණු නිරයයන් ඇත
ඒවාත් දැනගෙන යහපතෙහි හැසිරිය යුතු
මහණ බමුණන් කෙරෙහි හොඳින් පිළිපැදිය යුතු
එවැනි අය මරණින් මතු දෙවියන් අතර උපදිත්

මේ ගාථාවන්ට පාදක වූ විස්තර මෙසේ ය. කිසවච්ඡ තවුසාට හිංසා කළ දණ්ඩකී රජු ඇතුළු පිරිස උපන්නේ උණු අළු නරකයේ ය. එය සියක් යොදුන් විශාල ය. කල්පයක් පවතින උණු අළු ය. ගිනි දැල් නැති ගිනි අඟුරු ය. ඒ නිරයේ උපන් නිරිසතාගේ දෙකන්, දෙඇස්, දෙනාසා සිදුරු, මුඛය, අසුචි මාර්ගය, මූත්‍රා මාර්ගය යන නවද්වාරයෙන් උණු අළු සිරුරට පිවිසේ. හිස මත මහත් ගිනි අඟුරු වැටේ. ඒ ගිනි අඟුරු වැටෙන විට නිරිසතා

පෙනෙන්නේ පහන් රුකක් සේ ය. ඔහුට ඇතිවන බිහිසුණු දුක උසුලාගත නොහැකි ව මුරගා හඬයි. මෙය පැවසූ සරහංග තවුසා සිය ඉර්ධි බලයෙන් පොළොව විවර කොට, උණු අළු නිරයේ පැසෙන දණ්ඩකී රජු ඇතුළු පිරිස පෙන්නුවා. එය දුටු මහජනයා මහත් බියට පත් වුණා.

අනිත් ගාථාවේ සඳහන් වන්නේ කලිඟු රට දන්ත පුරයේ විසූ කලිඟු රාජා ගැන යි. දිනක් එක් මහා ඎෂිවරයෙක් පන්සියයක් තවුසන් පිරිවරා හිමාල වනයේ සිට පහළට ආවා. චාරිකා කරමින් සිටියදි කලිඟු රජුගේ උයනටත් ආවා. මහඎෂිවරයා මිනිසුන්ට දැහැමි ව ජීවත් වෙන්ට උවමනා බණ කීවා. කලිඟු රජා අධාර්මික දුෂිතයෙක්. මිනිසුන් තවුසන්ට ප්‍රශංසා කරනු අසා 'මාත් ගොහින් බණ ටිකක් අසන්ට ඕනෑ' යි උයනට ගොස් තවුසා වැඳ හිඳගත්තා.

මහ ඎෂිවරයා රජුගෙන් මෙය ඇසුවා. 'මහරජුනි, තොප දැහැමි ලෙස රාජ්‍ය කරනවා ද? අධික බදු බර පටවමින් මහජනයා පෙළන්නේ නෑ නේද?' යි ඇසූ පමණින් ම කලිඟු රජා හොඳටම කිපුණා. 'හහ්... මේකා හොර තවුසෙක්. මෙතෙක් දවස් මයෙ උයනේ සිට කරලා තියෙන්නේ මයෙ අගුණ රට්ටුන්ට කීම යි. හරි... මං බලාගන්නෙම.' යි සිතා වෙර බැඳ ගත්තා. "අනේ එහෙනම් තමුන්නාන්සේලා හෙට රජ දොරටුව ළඟට පිඬුසිඟා වඩින්ටකෝ." කියා දානයටත් ඇරයුම් කොට පිටත් ව ගියා.

කලිඟු රජා පසුවදා පාන්දර වැසිකිළිවලින් ගොඩගත් අසූචි සැළිවලට පිරෙව්වා. මූඩිවලින් වැසුවා. මේ

කිසිවක් නොසිතූ තවුසන් දානය පිණිස රජමැදුරට ආවා. තවුසන් ඇතුලට ගෙන දොරටු වැසුවා. "දිපියව් තොපේ පාත්තරා..." කියා භික්ෂා බඳුන් උදුරා ගෙන අසුචි පුරවා "කාපියව් මේවා" කියා තර්ජනය කරමින්, මුගුරුවලිනුත්, යකඩ බටවලිනුත් පහර දී සෘෂිවරුන්ගේ හිස් පැලුවා. බිම පෙරළා ජටාවෙන් ඇදගෙන ගියා. දඩයම් බල්ලන් උසිගැන්නුවා. ඔවුනුත් බුරාගෙන අවුත්, පටත් පටත් අනුකරණයෙන් තවුසන් සපා සොලවමින් කන්ට පටන් ගත්තා. කලිඟු රජා දෑස් ලොකු කොට මුව අයා හිනා වෙවී බලා උන්නා. මොහොතයි ගියේ. එතන ම පොලොව පුපුරා ඔහු යටට ගිලුණා. ඒ පවට හවුල් වූ පිරිසත් ගිලුණා. තුන් ගව් ප්‍රමාණයේ විශාල සිරුරු යි ඔවුන්ට නිරයේදී ලැබුණේ.

ඇතුන් ප්‍රමාණ විශාල දඩයම් බල්ලන් කලිඟු රජු ඇතුළ පිරිස ලුහුබඳිනවා. නව යොදුනක ගිනිගත් පොලොවේ ඔවුන් දුවනවා. ඔවුන් වෙත කඩා පනින බිහිසුණු දඩයම් බල්ලන් මුඛය පුරා මස් කඩා සොලවා අදිමින් කනවා. සරභංග මහාසෘෂිවරයා ඍද්ධි බලයෙන් පොලොව විවර කොට කලිඟු රජු සුනඛ නිරයේ දුක් විඳින ආකාරය පෙන්වා දුන්නා. මහජනයා අකුසල් කිරීමේ විපාක දැක බොහෝ සෙයින් තැති ගත්තා.

ඊළඟ ගාථාවට පසුබිම වූයේ මේ සිදුවීම යි. මහිස රටේ කෛකය නගරයේ සහස්සබාහු අර්ජුන නමින් එක් රජෙක් රජ කළා. ඔහු විනෝදයට මුව දඩයම් ගොස් අඟරුවල පැළහූ මුවමස් කමින් වනයේ හැසිරුණා. දිනක් දඩයම් ගොසින් මුවන් කොටු කොට, ඔවුන් පලායන තැන් බලමින් සිටියා.

එදා අංගීරස නමැති එක් තවුසෙක් රජතුමා සිටි තැනට නුදුරින් කරගසකට නැග කර ගෙඩි කඩා රැස් කරද්දී කර ගසේ අත්තක් කැඩුණා. ඒ අත්ත බිඳෙන හඬ ඇසූ එතැනට ආ මුවන් හනික පලා ගියා. එතකොට එදෙස බලද්දී රජා තවුසාව දැක්කා. දුටු පමණින් කිපුණා. 'මේ කාලකණ්ණියා නිසා තමයි අද දඩයම් වැරදුණේ.' යි විෂ පෙවූ හෙල්ලකින් තවුසාට දමා ගැසුවා. හුල් පහර කා තවුසා පෙරළී වැටෙද්දී හිස කිහිරි හුලක වැද ඇම්බිණි එතන ම අපවත් වුණා.

ඒ මොහොතේ ම අර්ජුන රජු දෙකඩ කොට බිඳුණු පොළොවේ ගිලී නිරයේ උපන්නා. සැත්හුල් නමැති නිරයේ ඔහු උපන්නේ. ඔහුටත් තුන් ගව් විශාල සිරුරක් තියෙනවා. එහි යමපල්ලෝ ගිනි ගත් ආයුධවලින් ඔහුට කොටනවා. ගිනි ගත් යකඩ පර්වතයට නංවනවා. කඳු මුදුනට නැග්ග විට තද සුළඟක් හමනවා. එයින් ඔහු පෙරළී වැටෙනවා. එසැණින් ගිනි ගත් පොළොවෙන් තල් කඳක් හා සමාන ගිනි ගත් යකඩ හුලක් මතු වෙනවා. ඔහු ඒ උල මත ඇම්බිණි එහි ම විදවනවා. එකෙණෙහි ම පොළොවත් උලත් ගිනි ගන්නවා. ඒ ගින්නෙන් ඔහුගේ මුළු සිරුර ම වෙළී යනවා. සරභංග බෝධිසත්වයෝ ඉර්ධි බලයෙන් සහස්සබාහු අර්ජුන රජු දුක් විඳින ආකාරය මිනිසුන්ට පෙන්නුවා. එය දුටු මිනිස්සු අකුසල්වල ඇති බිහිසුණු විපාක දැක තව තවත් භය වුණා.

අනිත් ගාථාවෙන් කියවෙන්නේ මේ සිදුවීම යි. කලාබු නම් රජෙක් ඉවසීම ගැන බණ කියූ ක්ෂාන්තිවාදී තාපසයා කෙරෙහි කිපුණා. තවුසාගේ අත් පා, කන් නාසා කඩ කොට කැපෙව්වා. කටු ඇමුණු කස පහර දහසකින් පහර

දුන්නා. ජටාවෙන් ඇද බිම පෙරළාගෙන යි ඒ සියලු වඩ දුන්නේ. කලාබු රජුටත් නිරයේ උපත ලබන්ට සිදුවුණා. තාපසයාට දුන් සියලු වඩ ගිනිදැල් අතර පැසෙන ඔහුටත් ඒ අයුරින් ම ලැබෙනවා. ඒ සියලු විස්තර පැවසූ සරහංග මහසෘෂිවරයා "මේ රජවරු පමණක් නොවේ නිරයේ උපන්නේ. තවත් බොහෝ රජවරු මීටත් වඩා බිහිසුණු නිරයවල ඉපිද ඉන්නවා. ඒ නිසා ශ්‍රමණ බ්‍රාහ්මණයන්ට හිංසා පීඩා කිරීම ඉතා භයානක යි. කළයුත්තේ හිංසා පීඩා කිරීම නොව, ඔවුන් උදෙසා සිව්පසයෙන් උපස්ථාන කොට රකවල් සැලසීම යි." කියා පැහැදිලි කළා. තුන් රජවරු තමන්ගේ ප්‍රශ්නයට විසඳුම් ලබාදීම ගැන පැහැදි නිසැක බවට පත්වුණා.

ඊළඟට සක් දෙවිඳු මේ ප්‍රශ්නය ඇසුවා.

26. මහසෘෂිවර, තොපගේ සුභාෂිතය අනුමෝදන් වෙමි
    දැන් තොප වෙතින් වෙනත් පැනයක් අසමි මම්
    සිල්වතා කියන්නේ කුමන ගුණ ඇති අයට ද?
    නැණවතා කියන්නේ කුමන විදිහේ අයට ද?
    සත්පුරුෂයා යනු කවර ගුණ ඇතියා ද?
    කාගේ සම්පත් ද නොපිරිහී තියෙන්නේ?

සරහංග මහසෘෂි :-

27. යමෙක් මේ මනුලොව, සිත කය වචනයෙන්
    සංවර ව සිටී ද කිසි පවකට නොයොදා
    තම ජීවිතය නිසාවත් බොරු නොකියයි නම්
    එබඳු කෙනාටයි සිල්වතා කියන්නේ

28. යහපත් ගැඹුරු කාරණාවල සිත යොදා
    සිටී ද යමෙක් දරුණු පව් අත්හැර දමා

වෙලාවට කළයුතු යහපත ඉවත නොදමා
හැසිරෙන කෙනාට කියයි නැණවතා කියා

29. තමාට යමෙක් කළා නම් උපකාරයක්
එය මතකයේ තබා යළි සිහි කරයි නම්
වීර්යයත් නුවණත් ඇති කලණ මිතුරෙක් වී
තමාට උදව් කළ අය ගැන බැති සිතින් යුතු වී
දුකට පත් වූ විට ඔහු, යහපත සලසයි නම්
මෙවැනි ගුණ ඇතියා ය සත්පුරුෂයා

30. මෙකී සියලු ගුණවත්කම් පවතින මිනිසා
සැදැහැවත් ව මොළොක් සිතින් දෙයි ද දන් බෙදා
අනුන්ගේ උවමනාකම් තේරෙන යහපත් කෙනා
මියුරු බස් කියයි නම්, සුදුසු අයට සලකා
මෙවැනි අයගේ සම්පත් නොපිරිහේ කිසිදා

අහස් තලයේ පුන් සඳක් උදට ඔසොවන සෙයින්
සරහංග මහා සෘෂිවරයා ඒ ප්‍රශ්නයන්ට මෙසේ පිළිතුරු
දුන්නා. සක්දෙවිඳු තවදුරටත් ප්‍රශ්න කළා.

31. මහසෘෂිවර, තොපගේ සුභාෂිතය අනුමෝදන් වෙමි
දැන් තොප වෙතින් වෙනත් පැනයක් අසමි මම
සිල්වත්කම, ධන සම්පත්, සත්පුරුෂ ධර්ම, ප්‍රඥාව
යන මේ සිව් කරුණෙන් වඩා උත්තම කෝ'කද?

සරහංග මහසෘෂි :-

32. යහපත දැකීමේ දක්ෂයෝ ප්‍රඥාව ම උතුම් කියත්
හැම තරු අතර පුන් සඳ ම උතුම් වූ ලෙස
සීලයත් ධන සම්පතුත් සත්පුරුෂ ධර්මයත්
ප්‍රඥාවන්තයාගේ පසුපසින් ම යි යන්නේ

සක්දෙවිඳු :-

33. මහසෂිවර, තොපගේ සුභාෂිතය අනුමෝදන් වෙමි
දැන් තොප වෙතින් වෙනත් පැනයක් අසමි මම්
ලොව ප්‍රඥාව ලැබීමට කෙසේ කළ යුතු ද?
කුමක් කරන විට ද, කුමක හැසිරෙන විට ද?
කවර කෙනෙකුන් ඇසුරු කරනා විට ද?
ප්‍රඥා ඇතියෙක් වන්නේ කෙසේ වැඩ කරනවිට ද?

සරහංග මහසෂි :-

34. ප්‍රඥාව වැඩී ගිය, සියුම් අරුත් දන්නා
යහපත් දේ ගැන බොහෝ විස්තර දන්නා
අයෙකු ඇසුරු කොට ඒවා ඉගෙන ගෙන
ප්‍රශ්නත් අසා විසඳා, ඔහු කියන සුභාෂිත
හොඳින් කන් යොමා අසා සිටිය යුතු
මෙසේ කරනා මිනිසා ප්‍රඥා ඇතියෙක් වේ

35. ප්‍රඥාවන්තයා ඒ ප්‍රඥාවෙන් ම විමසා
පංච කාමයන් යනු නැසියන දුකක් ලෙස
රෝගයට අයත් දෙයක් ලෙස නුවණින් දකී නම්
මහත් හය හා දුක් දෙන කාමයන්
දුරු කරන්ට ඔහු එවිට සමත් වේ

36. කාමරාගය බැහැර කොට විතරාගී සිතින්
අපමණ සතුන් වෙත මෙත් සිත වඩා
හැම සතුන් කෙරෙහි දඬු මුගුරු අත්හැර
මෙත් දැහැන් සිත උපදවා ගත් විට
නින්දා නොලබන බඹලොවට ඔහු යනු ඇත

මෙසේ සරහංග බෝධිසත්වයෝ කාමයන්ගේ ආදීනව
පෙන්වමින් දහම් දෙසූ විට ඒ තුන් රජුන්ගේත්, ඔවුන්ගේ

සේනාව තුළත් පංච කාමය කෙරෙහි තිබූ රාගය දුරු වී ගියා. එය දැනගත් බෝධිසත්වයෝ ඔවුන්ට ප්‍රශංසා කරමින් මේ ගාථාව කීවා.

37. අට්ඨක රජුනි, භීමරථ රජුනි, කලිඟු රජුනි,
තොප මෙහි පැමිණීම තොපට ම මහත් දියුණුවකි
තොප සියල්ලන්ගේ ම සිත්
කාමරාගයෙන් මිදී සංසිදී ගියා නොවැ

රජවරු :-

38. අනුන්ගේ සිත් පෙනෙන මහා සෘෂිවර,
එය එසේ ම ය, අප සැමගෙ සිත් මේ මොහොතෙ
කාමරාගයෙන් මිදුණා, අපට අනුකම්පාවෙන්
අප පැවිදි කළ මැනව, තොප ලද උතුම් ගුණ
අපි ද කැමති ය තොප සමීපයේ ම එය ලබන්ට

සරහංග මහසෘෂි :-

39. රජවරුනි, එසේමය, කාමරාගයෙන් තොප මිදී ඇත
අනුකම්පාවෙන් තොපගේ පැවිද්දට අවසර දෙමි
ධ්‍යාන ප්‍රීතිය කය පුරා පතුරුවාලව
මා යම් දැහැන් සැපක් විදී නම් දැන්
තොපත් ඒ සැප උදාකරගත මැන

රජවරු :-

40. ප්‍රඥා ඇති මහාසෘෂිවර, තොප යමක් කියයි නම්
ඒ සියලු දෙය එලෙසින් ම පිළිපදිමු අපි
ධ්‍යාන ප්‍රීතියත් කය පුරා පතුරුවා ගනිමු
තොප යම් දැහැන් සැපයක් විදී නම් දැන්
අපි ද ඒ සැප උදාපත් කරගන්නෙමු

එතකොට බෝධිසත්වයෝ සේනා සහිත රජවරු තිදෙනාට පැවිද්ද ලබාදුන්නා. එහි සිටි සෘෂි සමූහයා පිටත් කරවමින් මේ ගාථාව පැවසුවා.

41. හවත්නි, මෙය මා කිසවච්ඡයන්ට කළ පූජාවකි
යහපත් ගුණ ඇති සෘෂිවරු දැන් පිටත් වෙත්වා!
හැම කල්හි සමාහිත සිතින් ධ්‍යානයෙහි ඇලී වසව
පැවිද්දා ධ්‍යානයට ඇලී සිටීම උතුම් දෙයකි

මහසෘෂිවරයාගේ වචනය පිළිගත් සෘෂිසමූහයා ඔහුට වන්දනා කොට අහසට පැන නැගී තමන් වසන තැනට පිටත් ව ගියා. සක්දෙවිදුත් හුනස්නෙන් නැගී සිට බෝධිසත්වයන්ට තුති පුදමින් හිරු මඩලට වදින සෙයින් ඇඳිලි බැඳ වැඳ පිරිස සමග නොපෙනී ගියා.

42. සරභංග මහසෘෂි විසින් උතුම් අර්ථ ඇතිව
කියූ සුභාෂිත දහම් පද අසා තුටින් අනුමෝදන් වූ
පිරිවර සහිත සක්දෙවිඳා දෙව්ලොවට සතුටින් ගියා

43. සරභංග මහසෘෂි විසින් මනා අරුත් ගළපමින්
ඉතා පැහැදිලි වදනින් සුභාෂිත බණ කීවා
යමෙක් මෙය මැනවින් අසා නුවණින් සිතයි නම්
ධ්‍යාන ලබාගන්ට ඔහුටත් පුළුවන් ය
මරුට නොපෙනෙන තැනට යාගන්තත් හැකි වේ

"මහණෙනි, අපගේ මොග්ගල්ලානයන්ගේ ආදාහනයේදී දිව්‍ය කුසුම් වර්ෂා වැස්සේ මේ ආත්මයේ පමණක් නොවේ. මීට කලිනුත් දිව්‍ය කුසුම් වැසි වැස්සා." යි කියා "එදා සාලිස්සර තවුසා ව සිටියේ අද සාරිපුත්තයෝ. එදා මෙණ්ඩිස්සර තවුසා ව සිටියේ අද මහා කස්සපයෝ.

එදා පබ්බත තවුසා ව සිටියේ අද අනුරුද්ධයෝ. එදා දේවල තවුසා ව සිටියේ අද මහා කච්චානයෝ. එදා අනුශිෂ්‍ය තවුසා ව සිටියේ අද ආනන්දයෝ. එදා නාරද තවුසා ව සිටියේ අද මන්තානිපුත්ත පුණ්ණයෝ. එදා කිසවච්ඡ තවුසා අපගේ මහාමොග්ගල්ලානයෝ. එදා අනිත් තවුස් පිරිස මෙදා බුදු පිරිස ම යි. එදා සරහංග මහසෘෂි ව සිටියේ මා ය." කියා භාග්‍යවතුන් වහන්සේ මේ සරහංග ජාතකය නිමවා වදාළා.

2. මහාබෝධි ජාතකය

මහාබෝධි නමැති බෝසත් තවුසාගේ කතාව

පින්වතුනේ, පින්වත් දරුවනේ,

ඒ දිනවල අප භාග්‍යවතුන් වහන්සේ වැඩවාසය කොට වදාළේ සැවැත් නුවර ජේතවනයේ. එදා දම්සභා මණ්ඩපයට රැස් වූ හික්ෂු සංසයා භාග්‍යවතුන් වහන්සේ තුළ පවත්නා අසිරිමත් මහා ප්‍රඥාව ගැන කතාබස් කරමින් සිටියා. ඒ අවස්ථාවේ භාග්‍යවතුන් වහන්සේ එතැනට වැඩම කොට වදාළා. හික්ෂු සංසයා තමන් කතා කරමින් සිටි කරුණ භාග්‍යවතුන් වහන්සේට සැලකළා. භාග්‍යවතුන් වහන්සේ මෙය වදාළා.

"මහණෙනි, තථාගතයන් දැන් සර්වඥතා ඥානය ඇතිව, ප්‍රඥා සම්පන්න ව සිටීම අසිරිමත් කරුණක් නොවේ. පෙර පාරමී පුරන කාලයේත් ප්‍රඥාවෙන් යුක්ත ව වාසය කළා." යි මේ අතීත කතාව ගෙනහැර දක්වා වදාළා.

යටගිය අතීතයේ බරණැස් පුර බඹදත් නමින් රජෙක් රාජ්‍ය කරවමින් සිටියා. ඒ කාලයේ මහබෝධිසත්වයෝ ඉතා ධනවත් වංශවත් බ්‍රාහ්මණ පවුලක උපන්නා. අලුත උපන් සිඟිත්තාට ඔවුන් බෝධි කුමාරයා යන නම තැබුවා.

වයසින් මුහුකුරා ගිය කුමාරයා තක්සිලා ගොහින් ශිල්ප
හදාරා ආ නමුත් ගිහිගෙයි වසන්ට කැමති වුණේ නෑ.
මාපියන්ගෙන් අවසර ගෙන ගිහි දිවිය අත්හැරියා. හිමාල
වනයට ගියා. තවුස් පැවිද්දෙන් පැවිදි වුණා. එහෙම අල
ගෙඩි වර්ගවලින් යැපෙමින් බොහෝ කල් විසුවා.

දවසක් දා වැසි කාලය ළං වෙද්දී හිමවතින් පහළට
බැස්සා. පිළිවෙළින් ගම් නියම්ගම් පසුකොට බරණැසට
ආවා. පසුවදා තාපසයා කැපසරුප් අයුරින් නගරයේ
පිඬුසිඟා ගියා. රාජද්වාරයටත් පැමිණියා. එදා සීමැදිරි
කවුළුවේ සිටි රජ, ශාන්ත ඉරියව් ඇති මේ පැවිද්දා දැක
පැහැදුණා. රජමැදුරට කැඳවා, වඩාහිඳුවා, පිළිසඳර බස්
දොඩා, බණ ටිකකුත් ඇසුවා. ඉන් පසු නොයෙක් ප්‍රණීත
ආහාර පානයන් පූජා කරගත්තා.

තාපසයා දානය පිළිගෙන මෙය සිතුවා. 'රජ පවුල්
හා ඇසුර පැවැත්වීම යනු බොහෝ උවදුරු ඇතිවෙන්ට
පුළුවන් දෙයක්. බොහෝ සතුරොත් ඇතිවෙනවා. මටත්
යම් හෙයකින් එවන් හයක් උපන්නොත් එයින් බේරා
ගන්ට සමත් කවුරුන් හෝ සිටීදැයි වටපිට බැලුවා.
එතකොට රජගෙදර ඇතිකරන තද රතට හුරු සුනබයෙක්
තාපසයාට නුදුරින් සිටියා. සුනබයාට රජතුමා ගොඩාක්
ආදරෙයි. තවුසාත් තමන්ගේ බඳුනෙන් ලොකු බත්පිඩක්
ගෙන ඔහුට දෙන්ට කැමැත්තක් දැක්වුවා. රජතුමාට මෙය
තේරුණා. එතකොට සුනබයා කන භාජනය ගෙන්වා,
තාපසයාගේ බත්පිඩ එහි දමා උඹට දෙන්ට සැලැස්සුවා.
සුනබයා එය ඉතා සතුටින් කෑවා. තාපසයාත් තමාගේ
ආහාරය වැළඳුවා.

ඇතුළු නුවර රජඋයනේ කුටියක් කරවා, පැවිදි පිරිකරත් දී වස් සමාදන් කරවා ගන්ට රජතුමා තාපසයාව කැමති කරවා ගත්තා. එදා පටන් දිනපතා තාපසයාව දකින්ටත් උපස්ථාන පිණිසත් රජතුමා යනවා. දානය ගන්නා වේලාවට රජමැදුරට කැදවා රජඅසුනේ වාඩිකරවා රාජභෝජන ම දුන්නා. මෙසේ දොළොස් අවුරුද්දක් ගෙවුණා.

ඒ රජතුමාට අර්ථ ධර්මානුශාසක පදවිය හොබවන ඇමතිවරු පස්දෙනෙක් සිටියා. ඔවුන්ගෙන් එක් අයෙක් හේතුඵල කිසිවක් නොපිළිගන්නා අහේතුවාදියෙක්. අනිකා දෙවියෙකු විසින් ලොව මැව්වා යන මතය දරුවෙක්. අනිකා හැම දේ විදින්නේ පෙර කළ කම් අනුව ය යන මතයේ ඉන්නවා. අනිත් කෙනා මරණින් මතු නැවත උපතක් නැත කියන මතයේ ඉන්නවා. අනිකා දේශපාලන විද්‍යාව ගැන පමණක් කියනවා.

මෙයින් අහේතුවාදියා 'මේ සත්වයාට දුකෙන් නිදහස් වීමට කියා කළයුතු කිසිවක් නෑ. කල් පැමිණිවිට ඉබේ ම සසරින් නිදහස් වෙනවා. එනිසා එවැනි බොරු දේට වීරිය නොකර හිටිං.' කියා ජනයාට උගන්වනවා.

අනිත් ඇමතියා 'මිනිසා, ගහකොළ, පොළොව, අහස, සතා හිපාවා මවා තියෙන්නේ මහා දේවතාවෙකු විසින් ය. කලින් ම නළලේ බඹා කොටා ඇති නිසා කරන්ට දෙයක් නැත.' කීවා.

ඊළඟ පුබ්බේකතහේතුවාදියා කීවේ මේ සත්වයා සැපක් වේවා දුකක් වේවා මොනයම් දෙයක් වින්දත් ඒ හැම විදිමක් ම පෙර කර්ම විපාකයක් ය කියලයි.

උච්ඡේදවාදී ඇමතියා කීවේ මළාට පස්සේ පරලොව යාමක් නැත. මෙතනින් අහවරයි.' කියා ය. දේශපාලන විද්‍යා ඇමතියා කීවේ මව්පියන් මරා හෝ තමුන්ගේ වැඩපිළිවෙළ කරගෙන යාම වටී.' කියා ය. මහජනයාත් ඒ ඒ ඇමතියන්ගේ බස් අදහා ඒවා පිළිගත්තා. ඇමතිලාත් රජුගේ නඩු විසඳන්ට ගොහින් කරන්නේ අල්ලස් ගෙන හිමියන් අහිමියන් කිරීමත්, අහිමියන් හිමියන් කිරීමත් ය.

දවසක් දා නඩුවකදී සාධාරණ මිනිසෙක් පැරදුණා. වැරදිකාරයා දින්නා. එදා තාපසයා දානය වළඳින්ට රජ-ගෙදරට යන අයුරු බලා සිටි පරාජිත මිනිසා වහා ගොස් වැන්දා. "ස්වාමීනී, තමුන්නාන්සේ ආණ්ඩුවේ ප්‍රණීත දන් වළඳා ඉන්ට. ආං... ඇමතිලා හිතුමනාපයේ අල්ලස් ගන්නවා. රට වැනසෙනවා. පාඩුවේ ඉන්ට හොඳේ... මේ ඇමතිලා පස් දෙනා ම අල්ලස්කාරයෝ. ඕකුන් තමයි මහ ලොකු ඇමති මණ්ඩලයේ ඉන්නේ. හිමිකරුවන් අහිමිකරුවන් කරනවා." කියා හඬා වැලපෙන්ට ගත්තා. තාපසයාට ඔහු ගැන මහත් අනුකම්පාවක් උපන්නා. නඩු කතා කළ තැනට ගියා. ආයෙමත් කරුණු විමසුවා. සාධාරණ විනිශ්චයක් දුන්නා. අයිතිකාරයාට ම අයිති දේ ලැබුණා. මහජනයා මහත් ප්‍රීතියෙන් එක්පැහැර මහහඬින් සාධුකාර දුන්නා.

රජතුමාට ඒ සාධුනද ඇසුණා. "කවුද ඒ මහහඬින් සාධුකාර දෙන්නේ?" එතන සිදුවූ දේ රාජපුරුෂයෝ රජුට කීවා. තාපසයා දන් වැළඳූ පසු රජතුමා ඇසුවා. "ස්වාමීනී, අද තමුන්නාන්සේ නඩුවකට සාධාරණ තීන්දුවක් දුන්නා ය කියන්නේ හැබෑ ද?" "එසේය මහරජ." "අනේ ස්වාමීනී, තමුන්නාන්සේ දිගටම නඩු තීන්දු දුන්නොත් මිනිසුන්ට

යහපතක් වේවි. මෙතැන් පටන් විනිසුරු අසුනේ හිදිනු මැනව."

"මහරජ, අපි පැවිද්දෝ නොවැ. එය අපට අයත් කටයුත්තක් නොවේ." "අනේ ස්වාමීනි, එහෙම කියන්ට එපා. මහජනයා කෙරෙහි අනුකම්පාවෙන් කරන කටයුත්තක් නොවැ. අනික තමුන්නාන්සේ දවස පුරා විනිසුරු අසුනේ ඉන්ට ඕනෑන්නේ නෑ. උයනේ සිට මෙහෙට වදින අතරේ අධිකරණ ශාලාවටත් ගොඩවෙලා හිට, තීන්දු සතරකුයි, මෙහි දන් වළඳා උයනට යමින් ගමන ආයෙම ගොඩවෙලා තීන්දු සතරකුයි දුන්නා ම හොඳටෝම සෑහේ. මහජනයාට එයින් යහපතක් ම වේවි."

තවුසා විනිසුරු කටයුත්ත කරන්ට බෑ ම කීවා. රජතුමා නැවත නැවතත් ඒ කටයුත්ත කරන්ට ම කියා ඇවිටිලි කළා. බැරිම තැන තවුසා ඒ ඇරයුම පිළිගත්තා. තක්කඩි ඇමතිලාට අල්ලස් ගන්ට තිබු අවස්ථාව නැති වුණා. අල්ලසට ම ඇබිබැහි වී සිටි ඔවුන්ට අගහිඟකම් දැනුනා. ඔවුන් පස්දෙනා ම එකතු ව රහසේ කතා වුණා. "මිතුරනි, හරි වැඩේ නොවැ වුණේ. මේ තාපසින්නාන්සේ මොටද තමුන්ට අයිති නැති දේට අත දැවේ? එයැයි බණක් භාවනාවක් කරගෙන ඉන්ට ඕනෑ නෙවෙද? නඩු විසඳන්ට එනවා... සාධාරණයක් තියෙන්ට ඕනෑලු. හහ්... රජගෙදර බත් කන්ට ඇවිදින් මේකා ගිය දුරක්. තවදුරටත් බලා ඉන්ට හොඳ නෑ. කොහොමහරි රජ්ජුරුවන්ගේ සිත මුන්දෑ ගැන බිඳවලා හිටං මරවමු."

ඉන් පසු ඔවුන් ටික ටික රජතුමාට අදහස දැම්මා. "අනේ මන්දා... අපට මේවා කියන්ටත් බෑ. නොකියා ඉන්ටත් බෑ. නුමුත් බලා ඉන්ට ඇහැක විපාකවල

පෙරනිමිති පෙනෙද්දී. බෝධි තවුසා විශ්වාසෙට ගත්තා වැඩියි. උන්දැට දානෙ දීලා පිටත් කොරා නම් හරි. තමුන්නාන්සේට එයැයිගෙන් විපැත්තියක් වෙන්ට ඉඩ තියේ ම කියලයි දැන් කරුණු කාරණා පේන්නේ."

"නෑ... නෑ... එහෙම කොහොමෙයි වෙන්නේ? තාපසින්නාන්සේ සිල්වත්. හොඳ ඥාන සත්තියකුත් තියෙනවා. එයැයි එවැනි බාල වැඩ කරන්නේ නෑ."

දිගින් දිගට ඇමතිලා බෝධි තවුසාට විරුද්ධ ව කරුණු කාරණා කියද්දී රජතුමාත් සිතන්ට පටන් ගත්තා මේකේ මොකාක් හෝ ඇත කියා. "මහරජුනි, හොඳට බලන්ටකෝ අනාගතයේ වෙන දේ. මුළු නුවර මිනිසුන්ව ම මෙයැයිගේ තනි අතට ගන්නවා. හරිය..? ඉන් පස්සේ තමුන්නාන්සේගේ වචනය පිළිගන්ට මිනිස්සු කැමති වෙන්නේ නෑ. හරි... හොඳින් බලන්ට බෝධි තවුසා මෙහි එද්දී පිරිස හැසිරෙන විදිහ."

"හොඳයි... මං බලන්නම්." කියා සිමැදුරු කවුළුව අසල සිටි රජතුමා තාපසයා එන ආකාරය බලා සිටියා. එදාත් නඩුහබ වලට විසඳුම් පිණිස මහ සෙනඟක් ඇවිත් උන්නා. ඔවුන් තාපසයාට ඉතා ගෞරව පුරස්සර ව වැන්දා. හැබැයි ඔවුන් ආවේ නඩුවට පමණයි. අනුවණ රජා ඔවුන් ගැන සිතුවේ ඒ බෝධි තවුසාගේ පිරිස කියලයි. රජ ඇමතිලා කැඳෙව්වා. "හරි... ඔහේලා මෙතෙක් දවස් කී කතාවේ මොකාක් නුමුත් හැබෑවක් ඇත කියා දැන් මටත් සිතේ. හැබෑටම අපි මොකද කළ යුත්තේ?"

"වෙන මොනා කරන්ට ද දේවයෙනි, කෙලින් ම අත්අඩංගුවට ගන්ට."

"දැනගන්ට ඇහැක් විශේෂ අපරාධයකුත් නැතිකොට එයැයිව කොහොමෙයි අත්අඩංගුවට ගන්නේ?"

"එහෙනම් දේවයෙනි, එයැයිට විශේෂයෙන් සලකන සැලකිලි ඔක්කෝම නවතා දමන්ට. තමුන්ට රජගෙදරින් මුකුත් නොලැබෙන බව තේරුණ විට එයැයි නොකියා ම පලායාවි."

"ඒ අදහස නම් හොඳා තමයි." යි අනුපිළිවෙළින් රජමැදුරෙන් දුන් සියලු සැලකිලි නවතා දැම්මා. පළමු දවසේ සුදු ඇතිරිල්ලක් නැතිව සාමාන්‍ය පුටුවක් දුන්නා. එය දුටු සැණින් බෝධි තවුසා තේරුම් ගත්තා රජතුමාගේ සිත බිඳී ඇති වග. එදා උයනට ගියවිට එදා ම යන්ට සිතුණා. නමුත් මෙයට හේතුව දැනගෙන ම යනවා කියා නැවතුණා.

පසුවදා රජමැදුරට ගිය විට හිස් පුටුවේ ඉන්ට සලසා වෙනදා දෙන බෝජුන් නැතිව කලවම් ආහාරයක් දුන්නා. තුන්වෙනි දින උඩුමහලට එන්ට දුන්නේ නෑ. පඩිපෙළ උඩදී කලවම් ආහාරය දුන්නා. තවුසා එය උයනට ගොස් වැළඳුවා. සතරවෙනි දවසේ රජමැදුරේ පහල සිටියදී රතු නිවුඩු හාලේ කැඳ ටිකක් දුන්නා. තවුසා එය ගෙන ගොස් උයනේදී වැළඳුවා.

රජතුමා ඇමතිලාගෙන් විස්තර ඇසුවා. "මහබෝධි තවුසාට දැන් මෙතනින් කිසිම සත්කාරයක් ලැබෙන්නේ නෑ. මෙතරම් ඇඟවීම් කරලත් උන්දෑ යන්නේ නෑ නොවැ. දැන් මොකදැ කරන්නේ?"

"ආං... දැක්කා නේද දේවයෙනි, තේරුණා නොවැ. උන්දෑ හැසිරෙන්නේ බත් පිණිස නොවේ. සුදු සේස්සත්

පිණිසයි. ඉදින් බත් පිණිස හැසිරුණා නම් පළමු දවසේ ම පලා යන්ට ඕනෑ නෙවෙද?"

"ඉතින් දැන් මොකදෑ කරන්නේ?" "දේවයෙනි, දැන් මේකයි කරන්ට තියෙන්නේ. හෙට එනවා නොවැ. මරවන්ට."

"ඒක හරි. වෙන කරන්ට දේකුත් නෑ. ඉදා මේං... කඩුව." කියා ඇමතිලා අතට ම කඩුව දුන්නා. "හෙට උදේ ආ විට දොරට මුවා වී සිට, ඇතුළ වෙනකොට ම හිස සිඳ, කෑලි කපා වැසිකිළි වළට දමා, ස්නානය කොට එව්." කියා අණ කළා. ඔවුනුත් ඒ අදහසට එකඟ ව හෙට දවසේ ම කටයුතු අවසන් කිරීමට අදිටන් කොට නිවෙස් බලා පිටත් වුණා.

එදා රෑ නින්දට ගිය රජතුමාට මහබෝධි තවුසා තුළ තිබූ ඉතා යහපත් ගුණදහම් මතක් වෙන්ට පටන් ගත්තා. එතකොට ඔහු තුළ මහත් සෝකයක් උපන්නා. සිරුරෙන් දහඩිය වැගිරුණා. යහනේ සැපයක් නොලබා එහාට මෙහාට පෙරළෙමින් සිටියා.

එතකොට අගමෙහෙසිය ඇවිත් අසලින් සැතපුණා. රජතුමා ඈ සමග වචන මාත්‍රයක් කතා කළේ නෑ. "අනේ දේවයෙනි, මොකදෑ අද මේ අමුතු වෙලා? මා හා එක වචනයක්වත් දොඩන්නේ නෑ නොවැ. අනේ මයෙ අතින් කුමක් හෝ වරදක් වුණාවත් ද?"

"නෑ දේවී, බෝධි තාපසයෝ අපගේ බලවත් හතුරෙක් වුණා නොවැ. උන්දෑට කොච්චර ආදරෙන් ද මං සැලකුවේ? උන්දෑත් හොඳට හිටියා. දැන් වෙනස්.

ඉතින් උන්දෑව හෙට උදේ මරා දමන්ට කියා මං අර්ථ ධර්මානුශාසක ඇමතිලාට අණ කළා. හෙට තවුසාව කඩ කඩ කොට කපාලා හිටං වැසිකිළි වළේ දමාවි. අනේ ඒ තවුසා දොළොස් වසක් අපට මෙහි බණ දහම් කීවා නොවැ. එක වරදක්වත් මට නම් පෙනිලා නෑ. අනුන්නේ කීමටයි මං එයෑයි මරන්ට අණ කළේ. ඒ ගැනයි මයෙ සිතේ දුක!"

"අනේ දේවයෙනි, ඉතින් එයෑයි අපට සතුරෙක් වුණා නම් මරා දාන්ට තමා තියෙන්නේ. සෝක කරන්ට දෙයක් තියේ ද? අනික, පුතා වුණත් සතුරා නම්, මරා දමා තමන් ආරක්සා වීම නොවැ කළයුත්තේ. ඉන් නිසා සෝක වෙන්ට කාරණාවක් ඇත්තේ ම නෑ. ඒ ගැන දැන් හිතන්ට ඕනෑන්නේ නෑ." ඇයගේ වචනයෙන් අස්වැසිලි ලත් රජාට නින්ද ගියා. ඒ වෙලාවේ එය අසාගෙන එතැන හුන් වංශවත් රතු සුනබයා මෙය සිතුවා. 'අනේ... එදා මට බත් පිඩක් දුන් තවුසාව මං වත් බේරාගන්ට ඕනෑ' කියා සිතට ගත්තා.

පසුවදා උදෑසන සුනබයා ප්‍රාසාදයෙන් බැස මහා ද්වාරය වෙත ආවා. එළිපත්ත මත හිස තබා තවුසා එනතුරු මග බලා උන්නා. ඇමතිලාත් උදෙන් ම කඩු ගත් අත් ඇතිව ඇවිත් දොරපල්ව අස්සේ සැඟවී සිටියා. බෝධි තාපසයොත් වේලාව සලකා උයනින් නික්ම රාජද්වාරයට ආවා.

එතකොට ම සුනබයා පෙරට පැන්නා. මුඛය විවර කළා. දත් විලිස්සුවා. කෑගසා මෙය කීවා. "ඇයි ස්වාමීනි, මේ දඹදිව තමුන්නාන්සේට බත් ටිකක් ගන්ට වෙන

තැනක් නැද්ද? අපේ රජා තොපව මරන්ට ඇමතිලා පස්දෙනා අතට කඩු දීලා. දැන් ඒගොල්ලන් දොරපළ අතර සැඟවී ඉන්නවා. නළලේ මාරයා කොටාගෙන ඇතුළට එන්ට එපා! වහා පැන ගන්ට.” යි බුර බුරා කීවා. සුනඛයා කිවු කරුණ වටහාගන්ට තාපසයා සමත් වුණා. ඉදිරියට තැබූ පියවර පස්සට ගත්තා. නැවත හැරුණා. උයනට ගියා. වහා ඒ පළාත අත්හැර දමා යන්ට සූදානම් වුණා.

තාපසයා ආ ගමන් දොරටුව අසලදී ඇතුළට නොයා ආපසු හැරී යනවා සීමැදුරු කවුළුවේ සිට රජා බලා සිටියා. 'ඉදින් මේකා මයෙ සතුරෙක් නම්, දැන් උයනට ගොස් බලසෙන් රැස්කොට ආක්‍රමණයකට සූදානම් වේවි. නැතිනම් තමුන්නේ ශ්‍රමණ පිරිකරත් ගෙන පිටත් වෙන්ට ලේස්ති වේවි. මුන්දෑගේ ක්‍රියාකලාපය දැනගන්ට ඕනෑ.' යි සිතා වහා උයනට ගියා.

ඒ වෙලාවේ බෝධි තවුසා පිරිකරත් කරේ දමා පිටත් වීම පිණිස කුටියෙන් එළියට ආවා. සක්මන් කෙළවර සිටි රජා වැඳ මෙය කීවා.

01. බ්‍රාහ්මණය, මොකද මේ හදිසියේ ම කලබලේ? අඳුන්දිවිසම හැඳ, සැරයටිය කුඩේ හා පාසිවුරුත් ගෙන පාවහන් පය ලා, ගෙඩි කඩන කෙක්කත් අතට ගෙන මොකෝ මේ කොහේවත් ඈතක යන්ට ද?

බෝධි තවුසා :-

02. රජුනි, මා තොප ළඟ දොළොස් වසක් ම විසුවා මැදුරේ වංශවත් සුනඛයා මහ හඬින් බුරා ආවා මා ඉදිරියට පැන කිවූ දේ මට තේරුණේ නෑ

03. මා ගැන අපැහැදී, ඇමතින් ලවා මා මරවන්ට
    අණ කළ බවට කීවා නේද තොප බිසවට?
    එය අසා සුනඛයා දත් විළිස්සා මා හට
    තට බත් තිබෙන්නේ රටේ මෙහි විතර ද?
    කියා ඇසුවා නොවැ, එයයි නොවැටහුණේ මට

එතකොට රජතුමා තම වරද පිළිගත්තා. එයට කමා
කරන මෙන් ඉල්ලා මේ ගාථාව කීවා.

04. සැබෑව තාපසය එය, ඒ වරද අපට සිදු විය
    දැන් මම තොප ගැන වැඩිපුරත් පැහැදී සිටිමි
    අනේ මෙහි සිටිනු මැන, කොහේවත් නොවඩිනු මැන

එතකොට තවුසා මෙය කීවා. "මහරජුනි,
තමුන්නාන්සේ වගේ අභූත අසත්‍ය කතා ඇසූ පමණින්
එය අදහාගෙන නොවිමසා තීරණය කොට අණ දෙන
අය ළඟ නුවණැත්තෝ නම් වසන්නේ නෑ." කියා මේ
ගාථාවන් කීවා.

05. රජුනි, තොප නිවසේ මට මුලින් දුන් බත සුදු ය
    කේළාම් ඇසූ පසු එය කලවම් බතක් විය
    අන්තිමේදී මට රතු නිවුඩු කැඳ බත විය
    වහා පිටවී යාමට මට ලැබුණු ලකුණකි එය

06. මුලින් මා හිඳගත්තේ රජමැදුරේ අසුනක ය
    ඉන් පසු හිඳගත්තේ පියගැට මුදුන අසල ය
    ඊළඟට මට ලැබුණේ රජවාසලෙන් පිටත ය
    ගෙලෙන් අල්ලා එළවන්ට පෙර මා දැන් යා යුතුය

07. සැදැහැ සිත් නැති අය දිය නැති ළිඳක් බඳු ම ය
    සාරන්ට ගියොත් එය, මඩ ගදින් යුතු ජලය ඒ ම ය

සැදැහැ නැති අයගෙ දන වළදන්ට නුසුදුසු ම ය

08.	සැදැහැ ඇත්තා ම ය පැවිද්දා ඇසුරු කළ යුතු
	සැදැහැ සිත් නැති අය දුරින් දුරු කළ යුතු ම ය
	ජලය ඕනෑ කෙනා මහා වැවකට යන ලෙස
	සැදැහැවත් අය ම ය පැවිද්දා ඇසුරු කළ යුතු

09.	තම ඇසුරට කැමති යහපත් කෙනාමයි ඇසුරු කළයුතු
	තම ඇසුර අකැමති කෙනා කිසිදා ඇසුරු නොකළයුතු
	තමාට හිතවත් අය ඇසුරට නොගනී නම්
	ඔහු තුළ ඇත්තේ අසත්පුරුෂ දහමකි

10.	තමාට හිතවත් කෙනා ඇසුරට නොගනී නම්
	සේවනය කළයුතු කෙනා සේවනය නොකරයි නම්
	ඔහු පවිටු මිනිසෙකි, කැලේ වසනා වඳුරෙක් බඳු ය

11.	කවුරු හා නමුත් වැඩියෙන් ඇසුරට ගියොත්
	ඒ ඇසුර නම් නොබෝ කලකින් මිතුදම පළුදු කරවයි
	ඇසුරක් ඇත්තේම නැතිනම් මිතුදමට එය නොහොබී
	ඉල්ලන්ට යෑමෙනුත් මිතුරුකම් නැති වී යයි

12.	එනිසා වැඩිපුර ඇසුර ද ඕනෑ ම නැත
	ඇසුරු නොකර සිටීමත් එතරම් හරි නැත
	සුදුසු ම කලට ය යමක් ඉල්ලිය යුතු
	මෙසේ වූවෝතින් මිතුදම කලක් පවතී

13.	බොහෝ කල් එකට විසුවොත්
	ප්‍රිය කෙනාත් අප්‍රිය වෙන්ට පුළුවනි
	තොපට මා අප්‍රිය වෙන්ට පෙර
	දැන් මෙය පවසා ම මෙයින් යන්නෙමි

රජතුමා :-

14. අනේ තවුසාණෙනි, ඇඳිලි බැඳ අප පවසන
    ඇරයුම නොපිළිගෙන, යන්ට කැමති නම් තොප
    නැවත අයදිම් මම්, එක්වරක් යළි වඩිනු මැන

බෝධි තවුසා :-

15. රටට සෙත සදන රජුනි, නුඹවහන්සේටත්
    එසේ ම අපටත්, මෙසේ වෙන්ව වසනා විට
    අනතුරක් කිසි නොවුණොත්, කල් යෑමෙන් හෝ
    නැවත මුණගැසෙන්ට බලමු එහෙනම්

බෝධිසත්වයෝ මෙසේ කියා අප්‍රමාදී වීම පිණිස රජුට බණ ටිකකුත් කීවා. උයනෙන් නික්ම සුදුසු තැනක පිඬු සිඟා දානයත් ගත්තා. බරණැසින් නික්ම අනුපිළිවෙළින් හිමාල වනයට ගියා. නැවත දවසක් හිමවතින් පහළට බැස එක්තරා ගමක් ඇසුරු කොට වනයක විසුවා.

බෝධිසත්වයෝ රජමැදුරේ ඇසුර අත්හැර වනයට පිටත් ව ගිය දා පටන් ඇමතිලාට ජය යි. ඔවුන් විනිසුරු අසුනේ හිඳ හිතුමනාපයේ අල්ලස් ගත්තා. මංකොල්ලයේ යෙදුණා. ඔවුන් නැවතත් කතා වුණා. "මිතුරනේ, අර තවුසාව එළවා ගන්ට මහා වෙහෙසක් ගන්ට වුණා නොවැ. ඒකාත් ලේසියෙන් අතාරින්නේ නෑ. බැරිවෙලාවත් ඒකා නැවත ආවොත් මොකද කරන්නේ? අපේ ජීවිතේ අනතුරේ වැටෙනවා ම යි. උන්දෑ නොඑන විදිහක් කරන්ට ඕනෑ. සාමාන්‍යයෙන් මේ සත්වයා හිත බැඳුණු තැන ලේසියෙන් අත්හරින්නේ නෑ නොවැ. එතකොට උන්දෑ මේ රජමැදුරේ කාට ද බැඳී සිටින්ට

ඇත්තේ? හරි... රජුගේ අගමෙහෙසියට වෙන්ට ඕනෑ. ඉන් නිසා ඕකා ආයෙමත් මෙහෙ එන්ට ඉඩ තියෙනවා. ඊට කලියෙන් කම්මුතු කරවන්ට ඕනෑ.”

ඊට පස්සේ ඇමතිලා ගොහින් රජතුමාට ගතු කීවා. “අනේ දේවයෙනි, මේ පාර අපට අසන්ට ලැබුණේ මහා අමුතු නින්දිත කතාවක් නොවැ. රට්ටු මේ ගැන සැරේටම කතා වෙනවා. ඔබතුමාටත් හරි නෑ.”

“ඒ ගමන මොකක්ද?”

“ඇයි රට්ටු කියන්නේ දේවින්නාන්සේයි බෝධි තාපසයයි එක් එක්කෙනාට ලියුම් කියුම් යවා ගන්නවා ය කියලා.”

“ඒ මොකටෙයි ලියුම් යවන්නේ?” “ඒකනෙ දේවයෙනි, දේවින්නාන්සේ ලියා තියෙනවා කියන්නේ එයැයිගේ බලය යොදා රජුව මරන්ට ඇහැක, රජු මරන එක තමාට භාර ය, ඉන් පසු රජකොම ගන්ට තාපසයෝ මෙහෙ එන්ට කියලා.”

රජුට නිතර නිතර මෙය කියද්දී සැබෑවක් ය කියා අදහාගත්තා. “හරි... එතකොට මොකක්දැ මං දැන් කළයුත්තේ?” “මේකනෙ රජතුමනි, දැන් අනතුර ඇතුළෙන් ම යි තියෙන්නේ. ඒ නිසා පළමු කොට දේවිය මරවන්ට.” කිසිවක් ගැන සොයා නොබැලු අඥාන රජ “හරි... ඒකත් ඔහෙලා ම කරන්ට එහෙනම්. කෑලිවලට කපා වැසිකිලි වළට දමාපන්.” කියා අණ කළා. ඇමතිලාත් එය ඉටු කළා. දේවියගේ සාතනය මුළු රට ම දැනගත්තා.

ඒ දේවියට පුත් කුමාරවරු සතරදෙනෙක් ඉන්නවා.

නිරපරාදේ අපගේ මව් මරා දැවා ය කියා සතර දෙනා ම පියරජුට විරුද්ධ ව නැගී සිටියා. රජතුමා මහත් භයකට පත් වුණා. කොටින් ම මේ කරුණ ඈත පළාතක වනයේ සිටි මහබෝධි තවුසාතත් ආරංචි වුණා. 'පුත් කුමාරවරුන්ට කරුණු පහදා දී රජ්ජුරුවන්ව බේරාගන්ට මේ වෙලාවේ මා හැර වෙන කවුරුත් ම නෑ. රජතුමාටත් අභයදානය දෙනවා. පිතෘසාතක කර්මයෙන් කුමාරවරුන්වත් බේරා ගන්නවා.' යි සිතට ගත්තා.

පසුදා තවුසා පිටිසර ගමකට පිඬුසිඟා වැඩියා. වඳුරු මස් සමග දානයක් ලැබුණා. එය වැළඳු තවුසා වඳුරාගේ සමත් ඉල්ලාගෙන ආවා. කුටිය ඉදිරියේ අව්වේ තබා එහි ගඳ නැති වෙන්ට හොඳ හැටි වේලා ගත්තා. ඉන් පසු එය පොරවාගෙනත් බැලුවා. අනතුරුව වඳුරු සමත් ගෙන පිළිවෙළින් බරණැසට ගියා. කුමාරවරුන් මුණගැසුණා. පිතෘසාතක කර්මයේ ඇති භයානක විපාක ගැන පෙන්වා දුන්නා. "කුමාරවරුනි, තොප පියා මරා රජකම ගත්තා කියා අජරාමර වෙන්ට බෑ. ඉන් නිසා ඔයාලා එකිනෙකා සමගි කරවන්ටයි මං ආවේ. මං නැවත පණිවිඩයක් එවූ විට හනික මා ළඟට එන්ට." කියා කුමාරවරුන්ට අවවාද කළා. උයනට ගොහින් ගල් තලාවේ වඳුරු සම අතුරා ඒ මත හිඳගත්තා.

බෝධිසත්වයන්ව උයන්පල්ලා හඳුනාගත්තා. වහා ගොහින් රජුට කීවා. එය ඇසූ ගමන් රජුට සතුටක් උපන්නා. ඇමතිලාත් සමග උයනට ගියා. තවුසා වැඩ පිළිසඳර කතාව පටන් ගත්තා. තවුසා කිසි ප්‍රතිචාරයක් දැක්වූයේ නෑ. නිශ්ශබ්ද ව වඳුරු සම ම අතින් පිරිමදිමින් සිටියා.

"ඇයි ස්වාමීනී, තොප අද කිසි බසක් නොදොඩා, ඔය වඳුරු සම ම අතින් පිරිමදිමින් ඉන්නේ? මොකෝ... වඳුරා මටත් වඩා තොපට උපකාර කළ අයෙක් ද?"

"එසේය මහරජ, මේ වඳුරා බොහෝ උපකාර වුණා. මං මෙයාගේ පිට මත වාඩි වී ඇවිද්දේ. මෙයා තමයි මට වතුර කළේ ගෙනාවේ. ඉන්නා තැන ඇමදුවේ. හැම වතක් ම කළේ. මයෙ සිතේ ඇති දුර්වලකොමට වඳුරු මස් කා, සමත් වියලා අතුරා ඒ මත හිඳිනවා, නිදනවා. මට මෙයැයි බොහෝ උපකාරයි."

එය ඇසූ ඇමතිලා කලබල වුණා. "දැක්කා නේද රජුනේ, මේ නීච පැවිද්දාගේ කල්කිරියාව? තමුන්ට මේ සා උපකාරී වූ වඳුරාව මරා වඳුරු මසුත් කාලා හිටං, හමත් ඇන්න ඇවිදිනවා නොවැ." යි අත්පොඩි ගසා අපහාස කළා. තවුසා අහේතුවාදී ඇමතියාගෙන් මෙය ඇසුවා.

"මිතුය, ඇයි තොප මට පරිහව කරන්නේ? මිතුහේදය කොට තමන් විසිනුත් ප්‍රාණසාතය කරවූ නිසා ද?" යි මේ ගාථාවන් කීවා.

16. එම්බා ඇමතිය, තොප කියන දේ මෙය යි
    උපත් සයක නියමිත කලක් සත්වයා උපදිනවා ම යි
    කැමති වුණත් නැති වුණත් ගමන යන්ට වෙනවාමයි
    පින් කිරීම, පව් කිරීම වැඩක් ම නෑ ම යි
    අකැමති ව කළ පවත් ගණන් ගන්ට එපා ම යි

17. ඉදින් තොප කියූ මේ අර්ථයත් ධර්මයත් හරි නම්
    වරදකුත් නැතිනම්, ඒ කීම ඇත්ත ම නම්
    මා වඳුරා මැරීම ඉතා හොඳින් කළ දෙයක් නොවැ

18. තම දෘෂ්ටියේ වරද තොප හරියට දුටුවා නම්
    මට ගැරහීම නොකරයි කිසි විට
    තොපගේ විශ්වාසය මෙබඳු නිසා නොවැ
    කේළාම් කියා බිසව මරවා දැම්මේ

මෙසේ කී විට දෙන්ට කිසි පිළිතුරක් නැතිව ඔහු රජපිරිස මැද කරබා බිම බලා සිටියා. බෝධිසත්වයෝ මෙසේ ඔහුගේ මිසදිටුව බින්දා. දෙවියන් වහන්සේ ලොව මැවූ සේකැයි කියූ ඇමතියා අමතා ඊළඟට මෙය කීවා.

"ඇයි ඇමතිය, තොප මට පරිහව කළේ? තොපගේ දෘෂ්ටියේ හරවත් බවක් තියේ ය කියා ද සිතන්නේ?" යි මේ ගාථාවන් කීවා.

19. ඉදින් දෙවියන් වහන්සේ කියා කෙනෙක්
    සකල ලොව ජීවිත සංවිධානය කරත් නම්
    දියුණුවත් පිරිහීමත් හොඳ නරක හැම කර්මත්
    මිනිසා කරන්නේ දෙව කැමැත්තට අනුව නම්
    දෙවියන් වහන්සේ ම ය ඒ හැමට වග කිව යුත්තා

20. ඉදින් තොප කියූ මේ අර්ථයත් ධර්මයත් හරි නම්
    වරදකුත් නැතිනම්, ඒ කීම ඇත්ත ම නම්
    මා වදුරා මැරීම ඉතා හොඳින් කළ දෙයක් නොවැ

21. තම දෘෂ්ටියේ වරද තොප හරියට දුටුවා නම්
    මට ගැරහීම නොකරයි කිසි විට
    තොපගේ විශ්වාසය මෙබඳු නිසා නොවැ
    කේළාම් කියා බිසව මරවා දැම්මේ

අඹ ගසින් ම මුගුරක් කඩා, අඹ ගසට ගසා අඹ කඩනවා සේ, දෙවියන් වහන්සේගේ කටයුත්ත පිණිස

ඔනෑ ම දෙයක් කිරීම හරි ය යන මිසදිටුව බින්දා. ඉන් පසුව සියලු දුක් සැප විඳින්නේ තමන් විසින් පෙර කර්මයෙන් කළ විපාකයක් ය කියන පුබ්බෙකත හේතුවාදී ඇමතියා ඇමතුවා. "එම්බා ඇමතිය, තොප මට අපහාස කළේ මන්ද? තොප සිතා ඉන්නේ සත්වයා විඳින සියලු සැප දුක් අතීත කර්මයක එලයක් කියා නේද?" යි අසමින් මේ ගාථා කීවා.

22. ඉදින් සියලු සත්වයා හැම සැප දුකක් විඳින්නේ
	පෙර සසරේ කළ කී දෙයක් අනුව ම නම්
	පෙර කළ ඒ ණයින් ඒ නිසා නිදහස් වේ නම්
	මා කළෙත් පෙර ණයක් ගෙවා දැමීම ය
	එවිට මෙහි පවකට කවුරුන් ද හසුවන්නේ?

23. ඉදින් තොප කියූ මේ අර්ථයත් ධර්මයත් හරි නම්
	වරදකුත් නැතිනම්, ඒ කීම ඇත්ත ම නම්
	මා වඳුරා මැරීම ඉතා හොඳින් කළ දෙයක් නොවැ

24. තම දෘෂ්ටියේ වරද තොප හරියට දුටුවා නම්
	මට ගැරහීම නොකරයි කිසි විට
	තොපගේ විශ්වාසය මෙබඳු නිසා නොවැ
	කේළාම් කියා බිසව මරවා දැම්මේ

ඔහුගේ මිසදිටුව බිඳහළ බෝධිසත්වයෝ මරණින් මතු නැවත උපතක් නැත යන උච්ඡේදවාදී දෘෂ්ටිය ගත් ඇමතියා ඇමතුවා. "එම්බා ඇමතිය, තොප කියන පරිදි දන් දීම්, පින් කිරීම්, මාපිය උපස්ථානාදී කිසිවක් හෝ මෙලොවක් පරලොවක් නෑ නොවැ. ඉතින් මට පරිහව කරන්නේ අසවල් දේකට ද?" යි මේ ගාථා කීවා.

25. පොළොව, ජලය, ගින්න, සුළඟ, ධාතු සතරකි
    සියලු සත්වයන්ගෙ සිරුර මෙයින් හටගති
    ලොවේ සිටින හැම සතුන් ම මෙහිදි මැරුණවිට
    නැවතත් ඒ හැම ධාතුන් ඒවාට ම එක්වෙති

26. සත්වයා ජීවත් වෙන්නේ මේ ලොවේ පමණ ම ය
    පරලොවක් නැති නිසා මෙතනින් හමාර වේ ම ය

27. උගත් නුගත් කවුරුත් මේ ලෝකයේ
    නැසී යන විට වෙනසක් ම නැතිව ඒ හැම
    කවුරු නම් කළ පවට නැවත හසුවෙයි ද?

28. ඉදින් තොප කියූ මේ අර්ථයත් ධර්මයත් හරි නම්
    වරදකුත් නැතිනම්, ඒ කීම ඇත්ත ම නම්
    මා වදරා මැරීම ඉතා හොඳින් කළ දෙයක් නොවැ

29. තම දෘෂ්ටියේ වරද තොප හරියට දුටුවා නම්
    මට ගැරහීම නොකරයි කිසි විට
    තොපගේ විශ්වාසය මෙබඳු නිසා නොවැ
    කේළාම් කියා බිසව මරවා දැම්මේ

උච්ඡේදවාදි ඇමතියාගේ මතය බෝධි තවුසා විසින්
බිඳ දැම්මා. ඊළඟට හැරුණේ දේශපාලන විද්‍යා ඇමතියා
දෙසට ය. "එම්බා ඇමතිය, තොප කියනා හැටියට
මව්පියන් වුණත් තමුන්නේ වැඩපිළිවෙළට අනුගත
නැත්නම් මරා දැම්මාට කමෙක් නැත යන විශ්වාසය
නොවැ තියෙන්නේ. එසේ නම් මට අපහාස කරන්නේ
අසවල් දේකට ද?" යි මේ ගාථාවන් පැවසුවා.

30. උගත් යැයි සිතාගත් අනුවණයෝ මේ ලෝකේ
    තම දේශපාලනයට මව්පියන් වුව කම් නැතේ

සොයුරු අඹුදරු වුව, පැවිද්දන් වුව කම් නැතේ
තම මතයට අනුගත නැත්නම් මරාදාන්ට ඕනෑ
යන මතය නොවැ තොප උගන්වන්නේ

31. යම් රුකක් සෙවණේ හිඳී නම් සැතපේ නම්
     ඒ රුකේ අතු ඉති කිසිවිට බින්ද යුතු නැ ම යි
     එහි අතු බින්දොත් මිතුද්‍රෝහියෙක් ම යි

32. යමකින් වැඩක් ඇත්නම් මුලින් ඉදිරුව කම් නැත
     යන තොප මතය අනුව මට ද වඳුරු සම ඕනෑ විය
     වඳුරා මරා දමා මාත් එය හොඳටම කළා

33. ඉදින් තොප කියූ මේ අර්ථයත් ධර්මයත් හරි නම්
     වරදකුත් නැතිනම්, ඒ කීම ඇත්ත ම නම්
     මා වඳුරා මැරීම ඉතා හොඳින් කළ දෙයක් නොවැ

34. තම දෘෂ්ටියේ වරද තොප හරියට දුටුවා නම්
     මට ගැරහීම නොකරයි කිසි විට
     තොපගේ විශ්වාසය මෙබඳු නිසා නොවැ
     කේළාම් කියා බිසව මරවා දැම්මේ

මෙසේ බෝධිසත්වයෝ ඇමති පස්දෙනා දැරූ මිසදිටුවේ දොස් පෙන්වා දුන්නා. කිසිවක් කර කියා ගත නොහැකි ව ඔවුන් වැටහීම රහිත ව බිම බලා සිටියා. "මහරජ, තොපගේ ඇමති මණ්ඩලයේ පස්දෙනා තමයි රට මංකොල්ල කන මහා හොරු. මේ චෝර වළල්ල පිරිවරාගෙන ද තමුන්නාන්සේ රට පාලනය කරන්නේ? අහෝ... අඥාන රජ, මෙබඳු දුෂිතයන් ඇසුරෙන් තම පැවැත්ම සුවසේ ගෙන යන්ට සිතන පුරුෂයා මෙලොවත් පරලොවත් මහා දුකකට පත්වෙනවා."

35. පින් පව් නොඅදහන හේතුවාදියා
දේව මැවිල්ල පිළිගත් නිර්මාණවාදියා
හැම විදීම් පෙර කර්මයෙන්
කියනා පුබ්බේකතහේතුවාදියා
මෙලොව ම සියල්ල නැසේ කියන උච්ඡේදවාදියා
දේශපාලනයට ඕනෑ ම දෙයක් කරනු කියන මිනිසා

36. පණ්ඩිතමානී මේ අඥානයෝ
ලොව සිටිනා අසත්පුරුෂයෝ ම ය
මෙබඳු අසත්පුරුෂයා තමාත් පව් කරයි
අනුන් ලවාත් කරවයි
අසත්පුරුෂ ඇසුර බිහිසුණු ය, එයින් දුක් උපදවයි

37. පෙර එක් වෘකයෙක් පොරවා ගත්තා බැටළු සමක්
කිසි සැකයක් නැතිව රිංගුවා එළ පට්ටියකට
බැටළු දෙනකුත් එළුවෙකුත් මරා සිතුසේ පලා ගියා

38. එවැනි මහණ බමුණෝත් සිටිති මේ ලොව
කෑමකුත් නොගෙන, හිස් බිම නිදාගෙන
දූවිලි වැකුණු කයින්, උක්කුටියෙනුත් හිදගෙන
පිළිවෙළකට අහරක් හෝ පැනුත් නොගෙන
තමන් රහත් නිසා එසේ කරන වග කියයි
මෙසේ මිනිසුන් රවටාගෙන සිටිත්

39. පණ්ඩිතමානී මේ අඥානයෝ
ලොව සිටිනා අසත්පුරුෂයෝ ම ය
මෙබඳු අසත්පුරුෂයා තමාත් පව් කරයි
අනුන් ලවාත් කරවයි
අසත්පුරුෂ ඇසුර බිහිසුණු ය, එයින් දුක් උපදවයි

40. මෙහි තවත් අය මෙවැනි මිසදිටුව කියනවා
විරියක් ලොව නැතිලු, හේතු කිසිවක් නැතිලු
සිත කය වචනයෙන්, තමන් හෝ අනුන් හෝ
යමක් දැන දැන කෙරුවත් එහි විපාකත් නැතිලු

41. පණ්ඩිතමානී මේ අඥානයෝ
ලොව සිටිනා අසත්පුරුෂයෝ ම ය
මෙබඳු අසත්පුරුෂයා තමාත් පව් කරයි
අනුන් ලවාත් කරවයි
අසත්පුරුෂ ඇසුර බිහිසුණු ය, එයින් දුක් උපදවයි

42. ඉදින් විරියක් නැතිනම්, පින් පව් විපාකත් නැතිනම්
ශිල්පීන්ගෙනුත් රජුට නම් කිසි පලක් නැත්තේ
සත්මහල් ප්‍රාසාදයක් කාටවත් කරන්ට බෑ ම යි

43. විරියක් තියෙනවාමයි, හොඳ නරක තියෙනවාමයි
එනිසා ය හැම නිමැවුම්, හැමතැන ම පෙනෙන්නේ
එනිසා ම යි ශිල්පීනුත් රජුගෙන් යැපෙන්නේ

44. ඉදින් සිය වසරක් වැස්ස නැත්නම් හිමත් නැත්නම්
නැසී වැනසී යනු ඇත ලෝකයත් සත්වයනුත්

45. වැසි වසින නිසා ම යි, හිම වැටෙන නිසා ම යි
කුඹුරුත් යසට පැසී රටත් චිර කල් තියෙන්නේ

46. ගවරළ ඉදිරියේ පළමු ගවයා වක් ව යා නම්
ඔහු පසුපසින් යන හැම ගවයෝ ම වක් ව යති

47. එලෙස මිනිසුන් අතරත් යම් නායකයෙක් සිටී නම්
ඔහු දූෂිතව ඇත්නම්, කවර කතා ද අනිත් අය ගැන?
රටේ නායකයා දූෂිත නම් රට ම දුකසේ වසයි

48. ගවරැළ ඉදිරියෙන් පළමු ගවයා සෘජු ව යා නම්
ඔහු පසුපසින් යන සියලු ගවයෝ සෘජු මගින් යති

49. එලෙස මිනිසුන් අතරත් යම් නායකයෙක් සිටී නම්
ඔහු ධර්මයේ හැසිරේ ද අන් අයත් එබඳු වේ ම යි
රටේ නායකයා දැහැමි නම් මුළු රට ම සැප විඳී

50. ගෙඩි හැදෙන මහ අඹ ගසින් අඹ ගැට කඩයි නම්
නියම අඹ රස එහි නැත, පැළවෙන බීජත් නැත

51. මහ අඹගසක් බඳු රටත් දූෂිත ව හසුරුවයි නම්
නියම රසයක් එහි නැත, ඔහුගේ රටත් වැනසේ

52. යම් නායකයෙක් දූෂිත ව රට පාලනය කරයි නම්
ඒ රජා රටේ ඇති බෙහෙත් ඔසුවලටත් විරුද්ධයි

53. එසේ ම නියම්ගම්වල වෙළෙන්දෝ සිටිත් නම්
ඔවුන්ගෙන් අය බදු හිතුමතේ පැහැර ගනියි නම්
ඒ දූෂිත පාලකයා භාණ්ඩාගාරයටත් විරුද්ධයි

54. හොඳින් සටන් වැදුම දන්නා, යුද්ධයේ හුරු පුරුදු
සොල්දාදුවොත් ඒ රටේ සිටිත් නම්
දූෂිත පාලකයා ඔවුන් සමඟත් විරුද්ධයි

55. සංවර ඉඳුරන් ඇති, බඹසරත් සුරකින
සිල්වත් පැවිද්දන්ට දූෂිත රජා හිංසා කරයි නම්
ඒ රජා තමන්ගේ සුගතියටත් විරුද්ධයි

56. දූෂිත යම් රජෙක් වැරදි තීරණයක් ගෙන
සිල්වත් බිසවත් මරා දැම්මේ නම්
රැදුරු පව් කළ ඒ රජ, සිය පුතුන්ටත් විරුද්ධයි

57. එනිසා මහරජ, දූෂිත ඇමතියන්ගෙන් දුරු වෙව
රටවැසියන් කෙරෙහි, පළාත්වැසියන් කෙරෙහි
බලසෙනඟ කෙරෙහි දැහැමි ලෙස පිළිපදුව
පැවිද්දන්ට ද කිසිවිට හිංසා නොකරව
අශුදරුවන් හා සමගියෙන් විසුව මැන

58. මෙලෙස යම් නායකයෙක් රට පාලනය කළොත්
සියලු වැසියා ගැන මෙත් සිතින් විසුවොත්
භූතාධිපති සක්දෙවිඳු මෙන්, අවට සතුරු රජවරුන්
කම්පා කරවමින් බලවත් ව නැඟී සිටිනු ඇත

මහබෝධි තාපසයෝ මෙසේ රජුට බණ කීවා.
කුමාරවරු සතර දෙනා කැඳවා රජු විසින් කළ බරපතල
වැරැද්දට කමා කෙරෙව්වා. "මහරජුනි, මෙතැන් පටන්
කේළාම් කියා බිඳවන ඇමතිලාගේ බස් පිළිගන්ට එපා!
මෙවැනි බරපතල අපරාධ කරන්තත් එපා! කුමාරවරුනි,
තොපත් රජතුමා හා කොටවන දේකට හසුවෙන්ට එපා!"
කියා සියල්ලන්ට අවවාද කළා. එතකොට රජ මෙය කීවා.

"අනේ ස්වාමීනි, මේ ඇමතිලා තමයි මට හැම
විපතක් ම කළේ. මට තමුන්නාන්සේ නැති කළා. මට
මගේ බිරිදත් නැති කළා. දරුවනුත් නැති කළා. මේකුන්
පස්දෙනා දැන් ම මරවන්ට ඕනෑ."

"නෑ රජතුමනි, එහෙම කරන්ට එපා."

"එහෙනම් මං මේකුන්නේ අත් පා සිඳිනවා." "නෑ
රජතුමනි, එහෙම කරන්තත් එපා."

එය පිළිගත් රජතුමා ඇමතිලා පස්දෙනා සතු සියලු
දේ රාජසන්තක කළා. හිස ජටා බන්දවා, දම්වැලින් අත්පා

බැඳ, ගොම පහර දී අවමන් කොට රටින් පිටුවහල් කළා. බෝධිසත්වයෝ කිහිප දිනක් එහි වාසය කොට "අප්‍රමාදී ව වසනු මැන රජුනි." කියා ඔවදන් දී හිමාලයට ම ගියා. එහිදී බ්‍රහ්ම විහාර භාවනාව වඩා ධ්‍යාන අභිඥා උපදවා මරණින් මතු බඹලොව උපන්නා.

මහණෙනි, තථාගතයෝ දැන් පමණක් නොව පෙර ආත්මයෙත් ප්‍රඥාවන්ත යි. මිසදිටු මතයන් බිඳ දමා සත්‍යය පහදා දෙනවා. මහණෙනි, එදා මිසදිටු ගත් ඇමතියන් ලෙස සිටියේ මෙදා පුරණ කස්සප, මක්බලී ගෝසාල, පකුධ කච්චායන, අජිත කේසකම්බල හා නිගණ්ඨ නාථපුත්ත යි. වංශවත් සුනඛයා ව සිටියේ අපගේ ආනන්දයෝ. මහාබෝධි තවුසා ව සිටියේ මා ය." කියා භාග්‍යවතුන් වහන්සේ මේ මහාබෝධි ජාතකය නිමවා වදාළා.

3. මූගපක්ඛ ජාතකය
අධිෂ්ඨානයෙන් පාරමී පිරූ
තේමිය බෝසත් කුමරුගේ කතාව

පින්වතුනේ, පින්වත් දරුවනේ,

ඒ දිනවල අපගේ භාග්‍යවතුන් වහන්සේ වැඩවාසය කොට වදාළේ සැවැත් නුවර ජේතවනයේ. දිනක් දම්සභා මණ්ඩපයට රැස්වූ හික්ෂු සංසයා භාග්‍යවතුන් වහන්සේගේ මහාභිනිෂ්ක්‍රමණය පිළිබඳව ප්‍රශංසාත්මකව කතාබස් කරමින් සිටියා. ඒ අවස්ථාවේ භාග්‍යවතුන් වහන්සේ එතැනට වැඩම කොට වදාලා. හික්ෂු සංසයා කතා කරමින් සිටි කරුණ භාග්‍යවතුන් වහන්සේට සැලකළා.

"මහණෙනි, පාරමී ධර්මයන් සම්පූර්ණ කොට මේ ආත්මයේ උපන් මා, රාජ සම්පත් අත්හැර අබිනික්මන් කිරීම අසිරිමත් දෙයක් නොවේ. නුවණ මෝරා නොතිබියදී, පාරමී පුරමින් සිටියදී පවා මා රාජසම්පත් අත්හැර අබිනික්මන් කොට තියේ ය" යි මේ අතීත කතාව ගෙන හැර දක්වා වදාලා.

යටගිය අතීතයේ කසී රට බරණැස් පුර කාශී රජ නමින් දැහැමි රජෙක් සිටියා. ඔහුට දහසක් අන්තඃපුර ළදුන් සිටිය ද ඔවුන්ගෙන් දුවක වත් පුතෙකු වත් උපන්නේ

නෑ. රජතුමාත් මේ ගැන කනස්සල්ලෙන් සිටියේ. දිනක් නගරවැසියෝ රජමැදුරට රැස් ව "මහරජුනි, අපගේ රාජවංශය පවත්වන්ට කුමාරයෙක් නෑ නොවැ. අනේ රජුනි, බිසවුන් වහන්සේලාට කියන්ට පුත්‍ර ලාභයක් පතන්ට කියා."

එතකොට කසිරජ සියලු බිසවුන් කැඳවා පුත්‍රලාභයක් පතන්ට කියා අණ කළා. ඔවුනුත් තම තමන් දන්නා පරිදි නොයෙක් වත් පිළිවෙත් කළා. හරි ගියේ නෑ. ඒ රජුගේ අගමෙහෙසි මද්දරාජ දියණිය වන චන්දා දේවිය යි. ඕ ඉතා සිල්වත්. ඇයටත් පුතෙකු පතන්ට ඕනෑ වුණා. ඉතින් ඇ පුන් පොහෝ දිනක, පෙහෙවස් සමාදන් ව, මිටි යහනක සැතපී කල්පනා කළා. 'මා මෙතෙක් කල් නොකඩ කොට සිල් ආරක්ෂා කර තියෙනවා. මේක සත්‍යයක්. මේ සත්‍යානුභාවයෙන් මට පුත්‍ර ලාභයක් උපදීවා!' යි සත්‍යක්‍රියා කළා. ඇයගේ සිල්තෙදින් ශක්‍රභවන උණුසුම් වුණා.

එසේ වීමට කරුණු තියේ දැයි සක්දෙවිඳු සොයා බැලුවා. පුතෙකු පතා චන්දා දේවිය සත්‍යක්‍රියා කළ වග දැක්කා. ඇයට ගැලපෙන දරු සම්පතක් දෙන්ට ඕනෑ කියා විමසා බලද්දී තව්තිසාවේ දිව්‍ය පුත්‍රයෙකු ව ඉපදී සිටින මහබෝධිසත්ත්වයන්ව දැක්කා. මහබෝධිසත්ත්වයොත් මින් පෙර බරණැස ම විසි අවුරුද්දක් රජකොට තියෙනවා. එහිදී කරන ලද කිසියම් පවක විපාකයක් ලෙස අසුදහසක් අවුරුදු උස්සද නිරයේ ඉපිද මහා දුකක් විදින්ට සිදුවුණා. ඉන් පස්සේ එතැනින් චුතව යි තව්තිසාවේ උපන්නේ. තව්තිසාවේ ආයු ඇති තාක් සිට එයින් චුත ව රැට ඉහළ දෙව්ලොවක උපදින අදහසිනුයි උන්නේ.

සක්දෙවිඳු ඒ බෝසත් දෙව්පුතු ළඟට ගියා. "මිතුර, තොප මනුලොව උපන්නොත් පාරමී පුරාගන්ට අවස්ථාවක් තියෙනවා. මහජනයාටත් යහපතක් උදාවෙනවා. කාශී රජතුමාගේ චන්දා නමින් අගබිසවක් ඉන්නවා. ඇය දැන් පුතුලාභයක් පතා ඉන්නේ. ඉතින් ගොහින් ඇයගේ කුසේ පිළිසිඳ ගන්ට."

එතකොට බෝධිසත්වයෝ සක්දෙවිඳුගේ අදහසට එකඟ වුණා. දෙව්ලොවින් චුත ව චන්දා දේවියගේ කුස පිළිසිඳ ගත්තා. ඒ දෙව්පුතු සමගින් ම චුත වූ තව පන්සියයක් දෙව්පුතුන් ඇමති බිරියන්ගේ කුස පිළිසිඳ ගත්තා. චන්දා දේවියට දැනුනේ කුසේ දියමන්ති පොකුරක් පිරී ගිය සෙයකට යි. ඉතින් ඈ තමා තුළ දරුගැබක් පිහිටි බව රජුට දැනුම් දුන්නා. ප්‍රීතියට පත් රජ ගැබ්පෙළහර දුන්නා. නිසි කාලයේදී ධන්‍ය පුණ්‍ය ලක්ෂණයෙන් සමන්විත සොඳුරු පුත්කුමරෙක් උපන්නා. එදා ම ඇමතිලාගේ නිවෙස්වලත් පන්සියක් පුත් කුමාරවරු උපන්නා.

ඒ වෙලාවේ ඇමති පිරිස පිරිවරා රජතුමා උඩුමහල් තලයේ වාඩි වී සිටියේ. එවිට චන්දා දේවිය පුත් කුමරෙකු බිහි කළ වග සේවිකාවෝ ඇවිත් දැනුම් දුන්නා. ඒ වචනය ඇසූ පමණින් රජතුමාගේ සිතේ පැන නැඟි පුත් ස්නේහය සම්, මස්, නහර, ඇට සිඳ ඇටමිදුළ දක්වා යනු දැනුණා. සිත ඇතුළෙන් මහත් ප්‍රීතියක් උපන්නා. හද සිහිල් වුණා. "ඇමතිවරුනි, මට පුත්‍රුවනක් ඉපදීම ගැන කිම, තොපත් සතුටු ද?" "කුමක් කියයි ද දේවයෙනි, අප කලින් අනාථ ව නොවැ සිටියේ. දැන් අපි සනාථ යි. ඉතින් අපටත් අලුත් ස්වාමියෙක් ලැබීම ගැන ඉතා සතුටුයි නොවැ."

රජතුමා මහාසේනගුත්ත ඇමතුවා. "මිත්‍රය, මගෙ පුත්‍රයාට පිරිවරක් හදා දෙන්ට ඕනෑ. අද ඇමති පවුල්වලත් දරුවන් උපන්නාලු නොවේ ද? දරුවන් කීයක් ඉපදී ඇත්දැයි බලන්ට."

එතකොට ඔහු සොයා බලා රජුට කීවා පන්සීයක් දරුවන් අද ඉපදී ඇති වග. රජතුමා ඒ දරුවන්ටත් ළදරු පළඳනා, පන්සීයක් කිරි මව්වරු පිටත් කළා. රජතුමා කුමාරයා වෙනුවෙන් මිහිරි තනකිරි ඇති මව්වරුන් හැටහතරක් වෙන්කොට දුන්නා. චන්දා දේවියටත් වරයක් ඉල්ලන්ට කීවා. ඈත් 'මහරජ, මං වරය ගත්තා' කීවා. කුමාරයාට නම් තබන දවසේ, සිරුරක ඇති පින් සලකුණු ගැන දන්නා බ්‍රාහ්මණ පණ්ඩිතයන් කැඳවා සත්කාර කොට සිඟිත්තා පෙන්නුවා.

"මහරජ, ධන්‍ය පුණ්‍ය ලක්ෂණයෙන් ශෝභමාන මේ පුත්කුමරා දඹදිව පමණක් නොවේ, සිව්මහ දිවයිනට ම අධිපති වෙන්ට පින් තියෙන මහා බලවත් අයෙක්. මෙයෑයිට කිසිම අනතුරක් නෑ." එය අසා රජ බොහෝ සතුටු වුණා. කුමාරයා උපන් දවසේ මුළු කාශී රටට ම වරුසාවක් වැස තෙමී ගිය හෙයිනුත්, රජුගේත් ඇමතින්ගේත් හද ප්‍රීතියෙන් තෙමී ගිය හෙයිනුත් කුමරාට 'තෙමිය' යන නම තැබුවා.

දැන් සිඟිත්තාගේ වයස මාසයක් වුණා. අලංකාර ව සැරසූ කුමරු ගෙනැවිත් රජු අතට දුන්නා. රජත් ප්‍රිය පුත්‍ර දෙස බලා සිප වැළඳ ඇකයේ තබා හිඳුවාගෙන සුරතල් කරමින් සිටියා.

ඒ මොහොතේ රජු ඉදිරියට දෑත් බඳින ලද සොරු

සිව්දෙනෙකු ගෙන ආවා. රජතුමා ඔවුන්ට දඬුවම් පමුණුවමින් "අර සොරාට කටු සහිත කසපහරවල් දහසක් ගසාපං. අනිත් එකා යදමින් බැඳ සිරගෙයි දමාපං. අනිකාගේ සිරුරට සැත් පහර ගසාපං. අනිකා උල හිඳුවාපං." යි අණ කළා.

පියා සොරුන්ට දඬුවම් නියම කළ කතාව අසා තේමිය කුමරා බියෙන් තැතිගත්තා. 'අයියෝ... මයෙ පියා රජයක් පාලනය කොරන්ට ගොහින් නිරයගාමී බරපතළ පව් කරගන්නවා නොවැ.' යි සිතුවා.

පසුවදා තේමිය කුමරු සුදු සේසත යට සිරියහනේ සතපවා තිබුණා. ටිකක් නිදාගෙන අවදි ව ඇස් ඇර බැලුවිට පෙනුනේ සුදු සේසතින් යුතු මහා රාජසම්පත්. ර්යේ සිදුවීමෙන් බියට පත්ව සිටි කුමරා රජසැප දැකීමෙන් ඒ බිය තව තවත් වැඩිවුණා.

'අනේ... මං කොහි සිට ද මේ රජගෙදර උපන්නේ?' යි සිතමින් සිටිද්දී පෙර ආත්මය මතක් වෙන්ට පටන් ගත්තා. 'අනේ මං ගිය ආත්මයේ ඉඳලා තියෙන්නේ දෙවියන් අතර නොවැ. ර්ට කලින් ආත්මේ නිරයේ ඉපිද මහා දුකක් විඳ තියෙනවා.' කුමාරයා ඉන් එහාටත් සිතුවා. එතකොට බරණැස නගරයේ ම රජෙකු වී වාසය කළ ආත්මය මතක් වුණා. ඒ ආත්මයේ රජ කළේ අවුරුදු විස්ස යි. නමුත් අසූදහසක් අවුරුදු උස්සද මහනිරයේ පැසෙමින් දුක් විඳින්ට වූ බව මතක් වුණා.

'අයියෝ... මං මේ කොහෙද උපන්නේ? මේක මහා සොරුන්ගේ ගෙයක් නොවැ. මයෙ පියාත් සොරුන් ගෙන ආ විට මේ මේ වඩ දීපං ය කියා නිරයගාමී පව්

රැස්වෙන දඬුවම් නියම කළා. හපොයි... මං ආයෙමත් රජ කරන්ට ගියොත් ආයෙමත් නිරයේ වැටෙන්ට වෙනවා. මහා දුකක් විඳින්ට සිදුවෙනවා.' යි සිතද්දී සිතත් කයත් මහත් භීතියකින් සැලී ගියා. කුමාරයාගේ රන් පැහැයෙන් දිලී තිබූ සිරුර අතින් තලාලූ මලක් සෙයින් හැකිළී ගියා.

'අනේ මං මේ සොර ගෙයින් පිටතට පැනගන්නේ කොහොමෙයි?' යි සිතන්ට පටන් ගත්තා.

එක් ආත්මයක කුමාරයාගේ මව වී සිටි තැනැත්තියක් එදා ඒ ජතුයේ අධිගෘහිත දේවතාවිය වී සිටියා. ඇය කුමාරයා සිතූ දේ දැක අස්වැසුවා. "අදරති පුත, තේමිය, භයගන්ට එපා මගෙ දරුවෝ. ඔයාට මේ ගෙදරින් පැන ගන්ට ඕනෑ ම නම් මං උපායක් කියන්නම්. ඔයා අත් පා කොර නොවී සිටියදී ම, අත් පා සොලවා ගන්ට බැරි කොරෙක් වගේ ඉන්ට. කන් හොඳට ඇසෙද්දී ම, කිසිවක් නොඇසෙන බිහිරෙක් වගේ ඉන්ට. කතා කරන්ට පුළුවන්කම තියෙද්දී ම, කතාබහ බැරි ගොළුවෙක් වගේ ඉන්ට. මේ තුන් කරුණ දැඩි අධිෂ්ඨානයෙන් රකින්ට. තමුන්ට නුවණක් තියෙන වග කිසිවෙකුට හෝ යාන්තමින්වත් දැනගන්ට තියන්ට එපා!" යයි කියමින් මේ ගාථාව කීවා.

01. පුතේ තේමිය, මේ නිවසින් පැන ගන්ට ඕනෑ නම්
    නුවණ ඇති බවක් පෙන්නන්ට වත් එපා!
    හැම දරුවන්ට වඩා මෝඩයෙකු සේ හිටිං
    මේකා නම් මහ කාලකණ්ණියෙකි යන
    නින්දාව සියලු දෙනගෙන් ලබන්ට කැමති වෙයං
    එතකොට යහපත උදාපත් වේවි නුඹට පුත

මෙය ඇසූ සිගිත්තාගේ සිතට අස්වැසිල්ලක් ඇතිවුණා. දේවතාවිට මෙසේ පිළිතුරු දුන්නා.

02. අනේ දේවතාවී, ඔයා කියූ දේ මං කරනවා ම යි
අම්මා, ඔයා නම් මගේ යහපත කැමති ම යි
මා දිවියට අරුතක් ලබාදෙන්ටයි ඔයා ආසා

ඉතින් සිගිත්තා කොරෙකු ලෙසත්, බිහිරෙකු ලෙසත්, ගොළුවෙකු ලෙසත් දිගටම සිටීම් යි ඒ මොහොතේ ම දැඩි අධිෂ්ඨානයක් ඇතිකරගත්තා. රජතුමා සිගිත්තාට පාළු ගතියක් නොදැනෙන්ට අනිත් සිගිත්තන් පන්සිය දෙනාත් ඔහු සමීපයට ගෙනාවා. අනිත් දරුවෝ කිරි ඉල්ලා අඬනවා. නිරයභය සිහිකරමින් ඉන්නා තේමිය කුමරා 'මීට හොඳා මං කුසගින්නේ වියළී මිය යන එක' යි සිතා නාඬා ඉන්නවා.

දරුවා කොතරම කුසගින්නේ සිටියද හඬන්නේ නැත කියා කිරි මව්වරු චන්දා දේවියට සැලකළා. ඇය රජුට කීවා. රජතුමා නිමිති කියූ බමුණන් කැඳවා එයට හේතු ඇසුවා. "දේවයෙනි, කුමාරයාට වෙලා ඉක්මවා, හොඳට බඩගිනි වෙන්ට තියා, පස්සේ කිරි දෙන්ට. එතකොට එයා ම හඬ හඬා, තනය දැඩිව අල්ලාගෙන කිරි බොන්ට පටන් ගනීවි."

එදා පටන් කුමාරයාට වෙලාවට කිරි නෑ. ඇතැම් දිනවල දවස පුරා කිරි දෙන්නේ නෑ. කිරි දුන්නත් වරුවක් අත්හැරලා දෙනවා. කුමාරයා නරකයේ විඳි දුකත්, බැරිවෙලාවත් රජකම් කළොත් අනාගතයේ නිරයේ ඉපිද විඳින්ට ඇති දුකත් සිහිකොට තැතිගන්නවා. ගත වියළී යනවා. ඒත් නාඬා ඉන්නවා. දරුවා නාඬා සිටියද

'අනේ මයෙ පුතා කුසගින්නේ නෙවෙද' කියා චන්දා දේවී කිරිඅම්මාවරු කැඳවා කිරි දෙනවා. අනිත් දරුවෝ බඩගිනි වූ ගමන් කිරි ඉල්ලා හඬනවා.

තේමිය කුමරා අඬන්නේ නෑ. අත්පා සොලවන්නෙත් නෑ. ලොකු නින්දකුත් නෑ. සද්දයකට ඇහුම්කන් දීමකුත් නෑ. එතකොට කිරිඅම්මලා කතා වුණා. "අනේ මේ බලන්ටකෝ. මේ කුමාරයාගේ අතපය හොඳට තියෙන්නේ. කොර ළමුන්නේ මෙහෙම නෑ නොවැ. කනුත් හොඳට තියෙන්නේ. බිහිරි ළමයි මීට වෙනස්. හනුවත් හොඳට තියෙන්නේ. ගොළ ළමයින්ට මෙහෙම පිහිටන්නෑ. වෙනත් මොකාක් හෝ කරුණක් තියෙන්ට අවශ්‍ය ම යි... අපි මේක කිරෙන් ම සොයාගනිමු." යි දවස පුරා කිරි නොදී ඉන්නවා. සිඟිත්තාත් නාඬා ඉන්නවා. දැඟලීමක් නැතිව ඉන්නවා. එතකොට "අනේ පුතාට කුසගිනියි. කිරි දෙන්ට." කියා චන්දා දේවී කෑගසනවා. මෙසේ අවුරුද්දක් ගෙවී ගියා. දරුවාගේ කිසි වෙනසක් සිදු වුණේ නෑ.

"කුඩා දරුවන් කැවුම් කන්ට හරි ආසයි. අපි කැවුම් දීලාවත් විමසා බලමු" කියා ඔවුන් කතා වුණා. අත් පා දිග නොහැර වැතිරී සිටින තේමිය කුමරු අසල පන්සියයක් කුඩා කුමාරවරුන් වාඩි කෙරෙව්වා. නොයෙක් කැවුම් වර්ග ටිකක් දුරින් තිබ්බා. "ඔයාලා කැමති කැමති ඒවා අතනට ගොහින් ගන්ට." කියා සැඟවී බලා උන්නා.

අනිත් සියලු දරුවන් කලබලේට ගොහින් කැවුම් කන්ට පොර කෑවා. එකිනෙකා ගහගත්තා. උදුරා ගත්තා. හිතු මනාපයේ කන්ට පටන් ගත්තා. එතකොට තේමිය කුමරා 'උස්සද නිරය කැමති නම්, උඹත් කැවුම් කන්ට

කැමති වෙයං.' යි නිරය භයෙන් තැතිගෙන කැවුම් දෙස හිස හරවා බැලුවේ නෑ. මෙසේ තව වසරක් ඉක්ම ගියා.

"සිගිත්තන් හරි ආසයි පලතුරු කන්ට." කියා කලින් වගේම නොයෙක් පලතුරු වර්ග ගෙනැවිත් තැබුවා. අනිත් දරුවන් පොරකමින් පලතුරු කෑවා. තේමිය කුමරා ඒ දෙස ඇස් හැර බැලුවේවත් නෑ. සිගිත්තන් සෙල්ලම් බඩුවලටත් ආස නිසා ඒ තුළිනුත් විමසා බලන්ට කල්පනා කළා. රන් රිදීපාට ඇතුන්, අසුන් ආදි සෙල්ලම් බඩු ගෙනැවිත් තැබුවා. අනිත් සිගිත්තන් පැහැර ගන්නා සෙයින් ඒවා පොරකමින් ගත්තා. තේමිය කුමරා කිසිවක් නොදත් සේ සිටියා. මෙසේ තව වසරක් ගෙවී ගියා.

කුමරුගේ වයස අවුරුදු සතරක් වෙද්දී "කුමාරයාට දැන් බත් කවන්ට නිසි කාලය යි. ඒ තුළින්වත් විමසා බලමු." කියා නොයෙක් රසවත් ආහාර වර්ග ගෙනැවිත් තිබ්බා. අනිත් දරුවන් අත් දෙකට ගුලි ගුලි ගෙන කටේ ඔබා ගන්නවා. තේමිය කුමාරයා මෙය සිතුවා. 'මේ බිහිසුණු සසරේ කන්ට බොන්ට නැතිව උඹ අනන්තවත් ජීවිත ගෙවන්ට ඇති. නිරයේ උපන් විට උඹට ගිනිගුලිය ලෝදිය යි නෙවෙද තියෙන්නේ?' යි සිතද්දී ගත වෙවිලා ගියා. කෑම දෙස බැලුවේවත් නෑ. චන්දා දේවියත් හදවතින් හඬ හඬා බලෙන් වගේ සියතින් දරුවාට කෑම කැව්වා.

කුමරාට දැන් අවුරුදු පහයි. "පුංචි ඈයොන්ට දැන් තේරෙනවා නොවැ. අනතුරු හඳුනාගන්තත් ඇහැකි. ගින්දරටත් හය යි. අපි මෙයෑඊව විමසමු." යි කතා වී තල් අතුවලින් වටකොට ලොකු ගෙයක් තැනුවා. තේමිය කුමරාව ඔසොවාගෙන ගොහින් ගේ මැද වාඩිකෙරෙව්වා.

අනිත් ළමයි ඒ වටා වාඩි කෙරෙව්වා. පැත්තකින් ගේ ගිනිගන්ට සැලැස්සුවා. කෑගසා මෙය කීවා. "අයියෝ පුතේ, ඔතන ඉන්ට එපා! ඉක්මනින් පැන ගන්ට. ගින්නක් ඇවිලෙනවා." කියා කෑගසද්දී අනිත් දරුවන් මර හඬ දීගෙන එළියට පැන්නා. තේමිය කුමරා 'නිරයේ මා විඳි දුක බලද්දී, අනාගතයේ රජකම් කොට යළි නිරයේ උපදිනවාට වඩා මේ ගින්දරින් පිළිස්සී මැරෙන එක උතුම්.' යි සමවතට සමවැදුණු අයෙකු සේ නිශ්චල ව සිටියා. ගින්න ළඟට එද්දී ඔවුන් වහා දිව අවුත් දරුවා ඉවතට ගත්තා.

කුමාරයාට සය වසක් වෙද්දී ඔවුන් මෙය සිතුවා. 'පුංචි ඇයෝ මද කිපුණු ඇතුන්ට හරි හය යි. අපි ඇතෙකු ලවා පරීක්ෂා කොට බලමු.' යි කතා වී කුමාරයා ඔසොවාගෙන ගොහින් රජමිදුලේ තිබ්බා. අනිත් ළමෝ වටකොට වාඩි කෙරෙව්වා. ඉතා හොඳින් පුහුණු කළ කීකරු ඇතෙකුව දරුවන් දෙසට එන්ට සැලැස්සුවා. ඇතා මහා හඬින් කුංචනාද කළා. පාවලින් පස් විසුරුවා, සොඬය බිමට ගසමින් බිහිසුණු දැක්මෙන් ආවා. දරුවන් හොඳටම හය වුණා. මරණබියෙන් තැතිගෙන හිස් ලූ ලූ අත දිව්වා. නිරයේ විඳි දුක් සිහි කරන කුමරු එයට ම හය වී එතන නිශ්චල ව උන්නා. ඇතාත් කුමාරයා සමීපයට ඇවිත් වටයක් කරකැවී හිංසා නොකොට ගියා.

තේමිය කුමරු සත් හැවිරිදි වූ කල සියලු දරුවන් එක් තැනක වාඩි කරවා දළ ගලවන ලද සර්පයන් ඔවුන්ගේ ඇඟ මතට දැම්මා. බියට පත් දරුවෝ කෑගසා පලා ගියා. තේමිය කුමරා 'රජකම් කොට නිරයේ පැසෙනවාට කලින් සොර විෂැති සර්පයෙක් දෂ්ට කොට මිය යෑම

උතුම්' ය සිතා නිහඬ ව සිටියා. ඒ නාගයා ඇවිත් කුමරු වෙලා ගත්තා. හිස මත පෙණය කරගත්තා. කුමාරයා කිසි වෙනසක් නොදක්වා නොසෙල්වී සිටියා.

කුඩා දරුවන් නාටක බලන්ට ආසයි. ඒ නිසා තේමිය කුමාරයා මැද තබා අනික් ළමෝ ඔහු අසල වාඩි කරවා නාටක දැක්වූවා. ඒවා දුටු ළමයි හොඳින් ප්‍රතිචාර පෙන්නුවා. අත්පොඩි ගැසුවා. මහහඬින් හිනැහුණා. ඒවා ගැන කියන්ට පටන් ගත්තා. තේමිය කුමරා එදා නිරයේ සිටි අයුරු සිහිකොට, සිනාවක් සතුටක් නැතිව, නිරයේ භය ම සිත සිතා, නාටක දෙස නොබලා, වෙනතක බලාගත්වන ම සිටියා.

රජතුමා තම පුත්කුමරුව ආයුධයෙන් භය කොට විමසන්ට තීරණය කළා. එදා කුමාරයා ඔසවාගෙන අවුත් රජමිදුලේ වාඩිකෙරෙව්වා. අනිත් දරුවන් සෙල්ලම් කරනවා. එතකොට සුදු පැහැයෙන් මුවහත දිලිසෙන ලොකු කඩුවක් කරකවමින් දරුණු පෙනුමැති මිනිසෙක් ආවා. "කෝ... කාශී රජ්ජුරුවන්නේ කාලකණ්ණි දරුවෙක් ඉන්නවාලු. කෝ එකා? මං දැන් ඒ කාලකණ්ණියාගේ හිස ගසා දමනවා." කියා ගොරබිරම් හඬින් කෑගැසුවා. එයින් බියට පත් ළමෝ මරහඬ දීගෙන පැන දිව්වා. තේමිය කුමාරයා නිරයේ බිය සිහිකොට, ඔහු ඇවිත් හිස කපන එක උතුම් යැයි සිතා කිසි වෙනසක් නොදක්වා සිටියා. එතකොට ඔහු ඇවිත් කුමාරයාගේ හිස කෙස් එක මිටට ඇල්ලුවා. "දැන් මං තගේ හිස සිඳිනවා." කියා තර්ජනය කළා. කුමාරයා කිසිවක් නෑසුණා වගේ නොවෙනස් ව සිටියා. මෙසේ වරින් වර නොයෙක් උපාය කළත්

ඒ කිසිවකින් කුමාරයාගේ පවතින ස්වභාවය වෙනස් කරගන්ට බැරිවුණා.

දැන් කුමාරයාගේ වයස දහය යි. කුමාරයාගේ බිහිරි බව විමසන්ට ඕනෑ යි කතිකා කොට කුමරු සැතපී සිටින සයනය තිරවලින් වට කළා. තිගැස්සීමක් හෝ වේ නම් එය බැලිය හැකි පරිදි සිව් පැත්තේ සිදුරු සතරක් සෑදුවා. කුමරුට නොදැනෙන්ට සයනය යට සක් පිඹින්නන් හාන්සි කරවා, එක් පැහැර නින්නාද කරවමින් අවට දෙදරුම් කන්ට සංඛනාද කෙරෙව්වා. ඇමතිලා සිදුරුවලින් බලා සිටියා. එක් දිනකවත් කිසි තැතිගැනීමක්, ඇස්පිය සෙලවීමක්, ගැස්සීමක්, අත්පා සෙලවීමක් වුණේ නෑ. එසේ ම බෙරහඬත් ඇස්සෙව්වා. එයින් වැඩක් වුණෙත් නෑ.

තවත් දවසක පහන් එළියෙන් විමසන්ට සිතුවා. කළුවරේ සිටින කුමාරයා අතක් හෝ පයක් හෝ සොලවයි ද කියා බලන්ට සිතුණා. කළ ඇතුළේ පහන් දල්වා අනිත් සියලු පහන් නිව්වා. ටික වෙලාවක් අඳුරේ තබා එක් සැණින් කළවලින් පහන් ගෙන එළිය කළා. ඒ කිසිවකින් අත්පා සෙලවීමක්වත් දැකගන්ට ලැබුණේ නෑ.

තව වරක් කුමරුගේ අත් පා සෙලවීම් විමසා බලන්ට ඔවුන් මෙහෙමත් කළා. මුළු සිරුර පුරා මීපැණි ගෑවා. මැස්සන් පිරී සිටින තැනක කුමාරයාව වාඩි කෙරෙව්වා. කුමාරයාගේ මුළු සිරුර ම මැස්සන් වසා ගත්තා. ඇතැම් මැස්සෝ ඉඳිකටු තුඩු හා සමාන තුඩින් කුමරුට විද්දා. කුමරා සිත දැඩි කොට නොසෙල්වී ඉවසා සිටියා.

කුමාරයාට වයස දාහතරක් වුණා. ලොකු දරුවන්

පිරිසිදුවට කැමතියි. දැන් අසුචියෙන් විමසන්ට ඕනෑ යි කතා වුණා. එදා පටන් කුමාරයා ස්නානය කරවුයේ නෑ. මලමුත්‍රා ඉවත් කළෙත් නෑ. අසුචි ගොඩේ ඉන්ට හැරියා. එහි දුර්ගන්ධය කෙතරම් ද යත්, ළඟට ආ කෙනෙකුට තමා කෑ බිව් දේ වමනයට එන තරම් දුගදක් පැතිර ගියා. මැස්සෝ වටකර ගත්තා. එතකොට උපස්ථායකයෝ කෑගැසුවා. "අයියෝ... කුමාරය, දැන් තොප ලොකුයි. හැමදෑම පිරිසිදු කරන්නේ කවුද? චීකේ... තොපට ලැජ්ජා නැද්ද? ඇයි ඔහොම දිගෑදී ඉන්නේ? නැගිට පිරිසිදු කරගන්ට. කාලකණ්ණියෙක් වෙන්ට එපා." කියා ආක්‍රෝශ පරිභව කළා.

මලමුත්‍ර ගඳ ඒ පළාතෙ ම පැතිර ගියා. ගූථ නරකය මැද හිඳිනා වගක් දැනුණා. එවිට කුමාරයා ගූථ නරකයේ දුක සිහි කොට සිත මධ්‍යස්ථ කරගත්තා. එනිසා ඔවුන් ගත් වෑයම සාර්ථක වුණේ නෑ.

තවත් දවසක කුමාරයා මෙට්ට නැති ළණු ඇඳක තැබුවා. පිටයි ඇඟයි හොඳින් රත්වෙන කොට, වේදනාව උසුලාගන්ට බැරිවෙනකොට, අතපය නිකම් ම සොලවාවි යි කියා යටින් ගිනි කබලක් තිබ්බා. ගිනි රස්නෙට පිටේ දියපට්ටා මතුවුණා. 'අයියෝ... මේ දුකට වඩා සිය දහස් ලක්ෂ ගුණයෙන් යුතු නිරා දුකක් විදලයි මං ආවේ. නැවත රජකම් කොට නිරයේ උපදිනවාට වඩා මෙසේ ගින්නෙන් පිළිස්සී මිය යෑම උතුම්.' යි සිතා වෙනසක් නොදක්වා ඉවසා සිටියා.

කුමාරයාට දැන් වයස දහසය යි. "කොරෙක් ගොළුවෙක් බිහිරෙක් වුවත් වයසින් මුහුකුරා යද්දී

රාගයෙන් ඇලෙන දේට නොඇලී ඉන්නේ නෑ. ඇලෙනවා ම යි. ගැටෙන දේට නොගැටී ඉන්නේ නෑ. ගැටෙනවා ම යි. මේ වයසේ ළමයෙකුගේ පුරුෂ නිමිත්ත ප්‍රාණවත් වීම ස්වභාවයක්. එහෙමවත් විමසා බලන්ට ඕනෑ.” යි කතිකා කොට නාටක ස්ත්‍රීන් කැඳෙව්වා. දිව්‍ය අප්සරාවන් බඳු රූ ඇති ස්ත්‍රීන් කැඳවා මෙය කීවා. “කවුරු හෝ යම් ළදක් අපගේ පුත් කුමාරයාව හිනස්සවන්ට හෝ ක්ලේශ වසඟයෙහි සිර කරවන්ට හෝ සමත් වුණොත් ඇය අගමෙහෙසිය කරනවා.”

කුමාරයා සුවඳ පැනින් නැහැව්වා. වටිනා වස්ත්‍රයෙන් සැරසුවා. දෙව් විමනක් බඳු සිරියහනක සැතපෙව්වා. එසේ කොට අන් අය ඉවතට ගියා. එසැණින් අලංකාර ව සැරසුණු ස්ත්‍රීන් අවුත් ගී කීවා. වාදනය කළා. නැටුවා. නොයෙක් තොදොල් බස් කීවා. නාරි මායම් පෑවා. එතකොට කුමාරයා කල්පනාවට වැටුණා.

‘ඕහ්... දැන් මේ ගෑනු මයෙ සිරුර රාගය මතුවෙන ලෙස ස්පර්ශ කරන්ටයි සූදානම. හරි... මං එයට කොහෙත්ම ඉඩ දෙන්නේ නෑ.’ යි සිතා හුස්ම නවතාගෙන සිර කරගත්තා. කුමාරයාගේ සිරුර ගල් වී ගියා. ගෑනුන් විසින් කළ කිසිදු ස්පර්ශයක්, හුස්ම සිරකර ගත් කුමරුගේ සිරුරට දැනුනේ නෑ. එතකොට ගෑනු මූණට මූණ බලාගත්තා.

“ඕහ්... මෙයැයි නම් මනුස්සයෙක් වෙන්ට බෑ. යක්ෂයෙක් වත් ද?” කියා තැති ගත්තා. මාපියන්ට දැනුම් දුන්නා. මේ දහසය වසර පුරා ඔවුන් කොතෙක් මහන්සි ගත්ත ද, සාමාන්‍ය දරුවෙකුට අයත් ඉතා කුඩා හෝ ප්‍රතිචාරයක් කුමාරයාගෙන් ගන්ට බැරිව ගියා.

රජතුමා වඩාත් කනස්සල්ලට පත්වුණා. නැවතත් නිමිත්තපාඨක බමුණන් කැඳෙව්වා. "ඇ ඕයි... තමුසෙලාගේ ලක්ෂණ සාස්තරේ පුතා ගැන කොහොමෙයි කීවේ? ධන්‍ය පුණ්‍ය ලක්ෂණ තියේ ය, ලෝකෙට ම රජ වේ ය, කිසි ආන්තරායක් නැත කියා නේද? මොන පව ද? මේකා කොරෙක්! ගොළුවෙක්! බිහිරෙක්! ඔහේලාගේ කලින් කීමට මේකගේ ජීවිතේ විරුද්ධ යි. තමුසෙලාගේ අනාවැකි නම් ඉතින් කියලා වැඩක් නෑ."

"අනේ මහරජුනේ, මේක නොවැ. මේ වග අපි නොදැක්කා නොවේ. රජ පවුල ප්‍රාර්ථනා කොට ලැබූ කුමාරයෙක් නොවැ. තමුන්නාන්සේගේ සිතට දුකක් වේ ය කියා සිතාලයි කලින් නොකීවේ."

"හරි... ඉතින් දැන් මේකාට මොකද කරන්ට ඕනෑ?"

"මහරජ, මේ කුමාරයා ගෙයි විසුවොත් විපත් තුනක් වෙන්ට නියමිත යි. එක්කෝ තමුන්නාන්සේගේ ජීවිතය නැති වීමේ මාරකයක් වෙනවා. නැතිනම් රාජ්‍යය ආක්‍රමණයට ලක් වෙනවා. දේවින්නාන්සේටත් මාරක අපලයි. ඉන් නිසා අවමඟුල් රටයේ අවමඟුල් අසුන් බැඳ, කුමාරයා ව එහි තබා බටහිර දොරටුවෙන් ගෙන ගොස් අමුසොහොනේ වළ දැමීම හැර වෙන කටයුත්තක් නෑ.

ත්‍රිවිධ අන්තරාය ගැන ඇසූ රජ හොඳටෝම හය වුණා. එතකොට චන්දා දේවී දුවගෙන ළඟට ආවා. "දේවයන් වහන්ස, තමුන්නාන්සේට මතකෙයි පුතා උපන් දා මට වරයක් දුන්නා? මාත් එය ගත්තා. ඒ වරය දැන් මට ඕනෑ."

"හොඳා එහෙනම් කියන්ට." "අනේ මයෙ පුතාට රාජ්‍යය දෙන්ට."

"හැහ්... මේකාට රාජ්‍යය දෙන්ට? මේ තොපගේ කාලකණ්ණියාට?"

"හරි එහෙනම් දිවි ඇති තුරා දෙන්ට බැරි නම්, සත් වසරකට දෙන්ට." "බෑ... කොහෙත්ම බෑ."

මෙසේ හය මාසයකට, පස් මාසයකට වශයෙන් කාලය අඩු කළා. අන්තිමේදී චන්දා දේවී සතියකට පුත් කුමරාට රජය භාර දීමට රජතුමාව කැමති කරවා ගත්තා. ඉන් පස්සේ චන්දා දේවිය කුමරු අලංකාර ව සැරසුවා. ඇත්කඳ උඩට ඔසොවා වාඩි කෙරෙව්වා. සුදු සේසත එසෙව්වා. අලංකාර ව සරසන ලද නගරය 'තේමිය කුමරුගේ රාජධානිය යි' කියා බෙර හැසිරෙව්වා. නගරය පැදකුණු කෙරෙව්වා.

එදා රාත්‍රියේ කුමාරයාව ඔසොවාගෙන අවුත් සිරියහනේ සැතපෙව්වා. "අනේ මයෙ රත්තරන් පුත්‍රය, ඔයා දන්නවා නොවැ. මට දහසය අවුරුද්දක් නින්දක් නෑ. බලන්ට පුතේ, මයෙ දෑස දිහා. හොඳටෝම ඉදිමිලා. අඩල අඩලා ම යි මෙහෙම වුණේ. හදවතට උසුලා ගන්ට අමාරුයි පුතේ. මං දන්නවා, ඔයා කොරෙක් වත් බිහිරෙක් වත් ගොළුවෙක් වත් නොවේ. ඇයි පුතේ, මේ අම්මාව අනාථ කරන්නේ? අම්මාගේ වචනය උතුම් නැද්ද පුතේ." කියමින් හඬන්ට පටන් ගත්තා. දින පහක් ම ඇය උත්සාහ කළා.

සයවෙනි දින රජතුමා සුනන්ද නම් රියදුරුට කතා කළා. "දරුව, හෙට උදේ ම අවමඟුල් රටයේ අවමඟුල්

ලකුණුවලින් සැරසු අසුන් බැඳ, කුමාරයා එහි තබා නිදි
කරවා, බටහිර දොරටුවෙන් නික්ම අමුසොහොනට යව.
ගොහින් සතරැස් ආවාටයක් කණ එහි හෙලා දමව. උදලු
මිටින් හිසට පහර දී ජීවිතක්ෂයට පත්කරව. උඩින් පස්
දමා පොළොවෙන් උඩට මිනී වළ සකසව. ස්නානය
කොට එව.”

සයවෙනි දින රැය පුරා “අනේ මයෙ පුතේ, හෙට
උදේ ඔයා අමුසොහොනට ගෙනිහින් මරා වළ දමන්ට
කියා පියරජු අණ කළා. අනේ පුතේ, හෙට ඔයාගේ
මරණය සිදුවෙනවා නේද!” යි චන්දා දේවිය වැලපුණා.
තේමිය කුමරා මෙය සිතුවා. “දහසය වසක් පුරා මා ගත්
වෑයම දැන් සමෘද්ධිමත් වෙන්ටයි යන්නේ. මයෙ අම්මා
හද පැළෙන තරම් දුකින් සිටියත් මේ අවසන් මොහොතේ
මයෙ අදහසට බාධා නොවේවා!’ යි කුමරා නෑසුණා වගේ
කිසි වෙනසක් නොදක්වා සිටියා.

පසුදා උදෑසන සුනන්ද රියදුරා රථය ගෙනවුත්
රාජද්වාරය ඉදිරියේ තැබුවා. සිරියහන් ගැබට ආවා.
චන්දා දේවිය සිය පුතු වැළඳගෙන ඉන්නවා දැක්කා.
“අනේ දේවීන්නාන්ස, මා කෙරෙහි කිපෙන්ට එපා. මේ
රාජ අණක්.” කියා වැරෙන් දේවියගේ අත් බැහැර දමා
කුමාරයා ඇදලා ගත්තා. ලොකු මල්මාලයක් ඔසොවාගෙන
එන සෙයින් පහළට ඔසොවාගෙන ආවා.

චන්දා දේවී පපුවට අත් ගසමින් උඩු මහල් තලයේ
නැවතුණා. ‘මං මයෙ අම්මාට කතා නොකළොත් ඇගේ
ළය පැළී මැරේවි වත් ද? කතා කරන්ට මං කැමති නමුත්
එක් වචනයක් හෝ පිටවුණොත් දහසය වසක් මුළුල්ලේ

මේ ගත් වෑයම හිස් වෙනවා. අනාගතයේ මගේ මාපියන්ට මං ධර්මයෙන් උපකාර කරනවා.' යි සිතා ඉවසුවා.

රියදුරා රථයට නැග, බටහිර දොරටුවෙන් නික්ම යාමට සිතා, නැගෙනහිර දොරටුව දෙසට පැදෙව්වා. රථ රෝදය ද්වාරය එළිපත්තේ වැදුණා. නගරයෙන් දැන් නික්ම යන වග කුමරු තේරුම් ගත්තා. සිතේ නිම් හිම් නැති සතුටක් ආවා. නගරයෙන් නික්මුණු රථය දේවානුභාවයෙන් තුන් යොදනක් ගියා. එහි වනගැබ රියදුරාට පෙනුනේ අමුසොහොනක් ලෙසයි. 'හෝ... මෙතන නම් හොඳ තැනක් වගේ.' යි සිතා රථය හරවා පසුපසට ගත්තා. රථයෙන් බැස කුමාරයා පැළඳ සිටි සියලු පළඳනා ගලවා පොදියක් සැකසුවා. උදැල්ල ගෙන එය අසල වළක් කණින්ට පටන් ගත්තා.

තේමිය බෝධිසත්වයෝ 'දැන් මා උත්සාහ කරන්ට කාලය යි. ඇයි ඉතින් දහසය අවුරුද්දක් ම අතක් පයක් සෙලවුයේ නෑ නොවැ. මයෙ වසඟයට තබාගන්ට හැකි වේදැයි බලන්ට ඕනෑ.' යි සිතා වමතින් දකුණතත්, දකුණතින් වමතත් ඔසොවා, දෙපාත් ඔසොවා බලා, රථයෙන් බසින්ට ඕනෑ කියා සිතුවා. එකෙණෙහි පාද පිහිටන තැන පොළොව, සුළං පිරුණු සම් මල්ලක් නැගෙන සෙයින් රථයේ අවසන් කොණ දක්වා නැගී සිටියා. කුමාරයා රථයෙන් බැස්සා. කිහිප විටක් ඔබ මොබ ඇවිද්දා.

'මේ සැටියෙන් බලද්දී දවසින් යොදුන් සියයක් වුණත් යන්ට මට සවිබල තියෙනවා නොවැ' යි සලකා 'ඉදින් රියදුරා මට විරුද්ධ වුණොත්, ඔහු සමග පොර බදා

පැන යන්ට ඇහැකි දැයි බලන්ටත් ඕනෑ' යි සිතා රථයේ පිටුපස කොණ අල්ලා කෙළිබඩුවක් උඩට ඔසොවන සෙයින් රථය ඉස්සුවා. අවුලක් වුණොත් විසඳගන්ට ඇහැක් කායික සවියක් තිබීම ගැන කුමාරයා මහත් සතුටට පත්වුණා.

එකෙණෙහි සක්දෙවිඳුගේ අසුන උණුසුම් වුණා. එයට හේතුව කිමැයි බලද්දී තේමිය කුමරුගේ අදහස මුදුන්පත් වෙලා නොවැ. ඉතින් සක්දෙවිඳුට සිතුණා කුමරුව සරසවන්ට. විස්කම් දෙව්පුතුට කතා කළා. "පුතුය, වහා යව. ගොහින් කාශී රාජපුත්‍ර තේමිය කුමරු සරසව." විස්කම් දෙව්පුතු වහා අවුත් දස දහසක් සියුම් සළුවෙන් හිස්වෙළුම කොට, දිව්‍ය වූත් මානුෂීය වූත් අබරණින් අත්‍යලංකාරයෙන් සැරසූ විට සක්දෙවිඳුගේ සිරි ගත්තා. දෙව්රජෙකුගේ ලීලාවෙන් කුමරු රියදුරා අසලට ගොස් මෙය කීවා.

03. එම්බා රියදුර, කිම මේ හදිසියේ වළක් හාරමින් ඉන්නේ
    මා අසන මෙයට පිළිතුරු දෙව, ඇයි ද වළ හාරන්නේ?

රියදුරාත් උඩ නොබලා ම, වළ හාරමින් සිටියදී ම කුමරු ඇසූ ප්‍රශ්නයට ගාථාවෙන් ම පිළිතුරු දුන්නා.

04. අපගේ නිරිඳුට පුතෙක් ඉන්නවා
    ඒකා ගොළයි කොරයි බිහිරියි
    සිතන්ට පුළුවන්කමකුත් නෑ
    ඉතින් රජු මට අණ කළා
    මගේ පුතු වනේ වළ දමව කිව්වා
    එනිසයි මේ වළ සාරන්නේ

තේමිය කුමරු :-

05. එම්බා රියදුර, මා බිහිරෙක් ගොළුවෙක් නොවේ
කොරෙකුත් නොවේ, මා වැනියෙකු මේ වනේ
වළක් කපා යට කළොත් එය අධර්මයකි

06. මේ බලව මයෙ දෑත, දෙපා දෙස සොඳින්
මා කියන දේ තොපට ඇසේ නොවැ සොඳින්
මා වැනියෙකු මේ වනයේ වළක් කපා යට කළොත්
එය අධර්මයක් ම යි

එතකොට රියදුරු 'මෙයා කවුද? මේ අවේලාවේ
ඇවිත් තමා ගැන ම වර්ණනා කරන්නේ?' යි සිතා වළ
සෑරීම නවතා උඩ බැලුවා. තේමිය කුමාරයාගේ රූප
සම්පත්තිය දැක දෙවියෙකු දෝ මිනිසෙකු දෝ හඳුනා
ගන්ට බැරිව මේ ගාථාව කීවා.

07. අනේ ඔබ දෙවියෙක් දෝ ගාන්ධර්වයෙක් දෝ?
පුරින්දද යන නම් ලද භුතාධිපති සක්දෙව්දු දෝ?
ඇත්තෙන්ම කවුද තොප, කාගේ පුතුයෙක් දෝ?
මා කෙසේ ද තොප ගැන දත යුත්තේ?

තේමිය කුමරු :-

08. රියදුර, මං දෙවියෙක්, ගාන්ධර්වයෙක් නොවේ
පුරින්දද යන නම් ලද සක්දෙව්දුත් නොවේ
තොප යමෙකු වළ දමන්ට සැරසේ නම්
ඒ මා කසී රජ්පුත් තේමිය කුමරු ය

09. රියදුර, තා දිවි ගෙවන්නේ යම් රජෙකු නිසා නම්
අන්න ඒ කසී රජුගේ පුතුයා වෙමි මම්

එබඳු මා මේ වනේ වළ දමන්ට හැදුවෝතින්
තොප කරන්නේ නම් අධර්මයක් ම යි

10. යම් රුකක් සෙවණේ හිඳී නම්, සැතපේ නම්
ඒ රුකේ අතු ඉති කිසිවිට බින්ද යුතු නැ ම යි
එහි අතු බින්දොත් මිතුද්‍රෝහියෙක් ම යි

11. තට සෙවණ දෙන රුක කසී රජු ම ය
ඒ රුකේ හටගත් ශාඛාව වෙමි මම්
රුක් සෙවණට ආ මිනිසා බඳු ය මෙහි තොප
ඉදින් තොප මේ වනේ, මා වළ දමන්ට හැදුවොත්
තොප ඒ කරන්නේ අධර්මයක් ම යි

තේමිය කුමරා කෙතෙක් කීවත් මිනිහා පිළිගන්නේ ම
නැ. එතකොට තේමිය කුමරා 'හරි... මං මොහුට විශ්වාසය
ඇතිකරවන්ට ඕනෑ' යි සිතා, දේවතාවුන්ගේ සාධුනාදය
මැද, වනය නින්නාද කරවමින්, මිතුද්‍රෝහී නොවීම ගැන
කියවෙන මේ දස මිතුපූජක ගාථාවන් කීවා.

12. උපකාර ලැබුවේ නම් යමෙකුගෙන්
ඔහුට හිංසා කරන මිතුද්‍රෝහියෙක් නොවේ නම්
සිය නිවසින් බැහැර පිට තැනක ගිය විට
ඉතා හොඳින් කන්ට බොන්ට ලැබේ
ඔහු නිසා බොහෝ අයටත් සුවසේ ඉන්ට ලැබේ

13. උපකාර ලැබුවේ නම් යමෙකුගෙන්
ඔහුට හිංසා කරන මිතුද්‍රෝහියෙක් නොවේ නම්
යම් දනව්වකට, නියම්ගමකට, රටකට ගිය විට
ඒ හැම තැන ම ඔහුට හොඳ පිළිගැනීමක් ලැබෙයි

14. උපකාර ලැබුවේ නම් යමෙකුගෙන්
ඔහුට හිංසා කරන මිතුදෝහියෙක් නොවේ නම්
ඔහු සතු දේ සොරුන්ට පැහැර ගන්ට බැරි වේ
රජත් ඔහු ඉක්මවා යන්ට නොසිතයි
හැම සතුරන් කෙමෙන් ඔහුට අවනත වේ

15. උපකාර ලැබුවේ නම් යමෙකුගෙන්
ඔහුට හිංසා කරන මිතුදෝහියෙක් නොවේ නම්
පිටතට ගොස් ගෙදර එනවිට කෝප නැති සිතින් එයි
සහා මැද ඉහළින් ඔහුව පිළිගනියි
නෑයින් හටත් ඔහු උතුම් කෙනෙකු වේ

16. උපකාර ලැබුවේ නම් යමෙකුගෙන්
ඔහුට හිංසා කරන මිතුදෝහියෙක් නොවේ නම්
අනුන්ට සත්කාර කොට, පෙරළා සත්කාර ලබයි
අනුන්ට ගෞරව කොට, පෙරළා ගෞරව ලබයි
ඔහුගේ ගුණ ගැන කිතුගොස හැම තැන පැතිරෙයි

17. උපකාර ලැබුවේ නම් යමෙකුගෙන්
ඔහුට හිංසා කරන මිතුදෝහියෙක් නොවේ නම්
පිදිය යුත්තන් පිදූ විට, පෙරළා පිදුම් ලබයි
වැන්ද යුත්තන් වැන්ද විට, පෙරළා වැඳුම් ලබයි
කීර්තිය හා පිරිවර නිතර ඔහු සමග සිටියි

18. උපකාර ලැබුවේ නම් යමෙකුගෙන්
ඔහුට හිංසා කරන මිතුදෝහියෙක් නොවේ නම්
අඳුරේ ගින්නක් සෙයින් ඔහු බබළයි
දේවතාවෙකු සේ ඔහු බබළයි
ධන සම්පත් ඔහුගෙන් බැහැරට නොයයි

19. උපකාර ලැබුවේ නම් යමෙකුගෙන්
ඔහුට හිංසා කරන මිත්‍රද්‍රෝහියෙක් නොවේ නම්
ගවසම්පත ඔහුගේ දියුණුවට පත් වේ
කෙතේ වපුළ බීජත් හොදින් වැඩී යයි
සරු අස්වැන්න ලැබ, සිත් සේ කා බී වසයි

20. උපකාර ලැබුවේ නම් යමෙකුගෙන්
ඔහුට හිංසා කරන මිත්‍රද්‍රෝහියෙක් නොවේ නම්
කඳු අතරින් හෝ කඳු මුදුනෙන් හෝ
ගසකින් හෝ ඔහු වැටේ නම්
අනතුරක් නොවී ජීවිතය රැකෙයි

21. උපකාර ලැබුවේ නම් යමෙකුගෙන්
ඔහුට හිංසා කරන මිත්‍රද්‍රෝහියෙක් නොවේ නම්
හොදින් මුල් වැඩී බැසගත්
මහා නුගරුකට කොතෙක් සුළං හැමුවත්
ඉදිරි බිම නොවැටෙනා ලෙස
කොතෙක් වෙහෙස ගත්තත් සතුරෝ
ඔහුව මැඩලන්ට බැරි ම ය

මෙසේ ගාථාවලින් කරුණු කීවත් සුනන්ද රියදුරාට කුමරු හඳුනාගන්ට බැරිවුණා. ඇත්තෙන්ම මේ කවුද කියා රථය අසලට ගොස් බැලුවා. එතන තිබූ පළඳනාත් කුමාරයාගේ පළඳනාත් දැක, නැවත කුමාරයා දෙස බලා සිට අමාරුවෙන් හඳුනා ගත්තා. එසැණින් ම කුමාරයාගේ පාමුල වැද වැටුණා. කුමාරයාට ආයාචනා කරමින් මෙය කීවා.

22. අනේ පින්වත් කුමරුනි, වඩිනු මැන දැන් මැදුරට
මං ඉතා සතුටින් තොපව යළි රැගෙන යමි

බරණැස් රජය කරමින් ජනයාට සෙත සැදුව මැන
මේ වනයක වැදී තනිව කුමක් කරන්ට ද?

තේමිය කුමරු :-

23. එම්බා රියදුර, අධර්මයේ හැසිරී ලබන
රජයකින්වත් ඤාතීන්ගෙන්වත් ධනයෙන්වත්
මට නම් පලක් නැ ම යි, මට ඕනෑ ම නැ

රියදුරු :-

24. අහෝ කුමරුනි, මේ වනෙන් නික්ම බරණැස් ගියවිට
මට තුටු පඬුරු ලැබේ, තොප සිය නිවස වෙත
යළි ගිය විට, තොපගේ රාජ මාපියන්ගෙන්
මා හට තුටු සිතින් නිසැකව ම තැගි ලැබේ

25. එසේ ම කුමරුනි, තොප එහි ගිය කලට
අන්තඃපුර ළදුන් මෙන් ම එහි කුමාරවරුන්
වෙළෙන්දනුත් බමුණොත් මහ සතුටට පත් වී
මා ගැනත් සතුටු වී තැගි හෝගත් දෙනු ඇත

26. එසේ ම කුමරුනි, තොප එහි ගිය කලට
ඇතරුවෝ අසරුවෝ රථසේනාවෝ පාබල සේනාවෝ
සිතේ සතුටින් මාහට තැගි හෝගත් දෙනු ඇත

27. එසේ ම කුමරුනි, තොප එහි ගිය කලට
දනව්වැසි නියම්ගම් වැසි දනන් එහි රැස් වී
සිත උපන් තුටින් ඔවුන් මට තැගි දෙනු ඇත

තේමිය කුමරු :-

28. මාපියන් විසිනුත් රටවැසියන් විසිනුත්

නියම්ගම්වැසියන් විසිනුත් හැම කුමරැන් විසිනුත්
හැර දමන ලද්දෙමි මම්
එනිසා දැන් මට යන්ට කිසි තැනක් නැත

29. මගේ මව් විසිනුත් එයට අවසර දුන්නා
    පියා විසිනුත් මා අත්හැර බැහැර දැම්මා
    මා නම් කිසි කලෙක රජකම නම් නෑ පතන්නේ
    තනිවම මේ වනයේ පැවිද්දට ම යි ආසා

තේමිය කුමරැ මේ තාක් මූණ දුන් නොයෙක් කරදර,
කම්කටොළ, නින්දා, අපහාස, ගැරහුම් ඉවසමින්, මෙත්
සිතින් හා අධිෂ්ඨානයෙන් යුතුව තම ඉලක්කය සපුරා
ගැනීමේදී, තමා විසින් ම ඇතිකරගත් ගුණයන් ගැන සිහි
වෙද්දී සිතේ බලවත් ප්‍රීතියක් උපන්නා. ඒ ප්‍රීති වේගයෙන්
යුතු සිතින් මේ උදානය පහළ කළා.

30. රියදුර, මෙය අසව, තමා ගත් අදිටන
    මල් එළ ගැනෙන තුරැ, කලබල නොවී ඉවසා
    මෙතෙක් කල් දරා ආවෙමි, ඒ උතුම් අරමුණ දෙස
    දැන් එය ඉටුවී ඇත, මගේ වෑයම හරිගිය බව දනුව

31. යහපත් අරමුණක් සිත දරා, කලබල නොවී ඉවසා
    ගුණයෙහි රැඳී සිටි විට, නිසි කල මල් එළ ගැන්වේ
    ඒ උතුම් අරමුණ මගේ, දැන් හොඳින් ඉටු වී ඇත
    කිසිලෙස බියකුත් නැත, වනයට ද පැන ගත්තෙම්

රියදුරැ :-

32. මෙතරම් බුහුටි මනහර, නොපැටලී බස් දොඩනා
    ඇයි තොප කිසිවිට මාපියන් ඉදිරියේ
    එක් වදනක්වත් නොකියා, ගොළුවෙකු සේ සිටියේ?

තේමිය කුමරු :-

33. මේ කයේ කලවා නැතිකමෙන් කොර වූයේ නැත මා
කන් නැති කමින් බිහිරි වුවාත් නොවේ මා
දිවක් නැති නිසාවෙන් ගොළ වුවාත් නොවේ මා
මා එවැනි අබ්බගාතයෙකු ලෙස එපා සලකන්ට දැන්

34. පෙර ආත්මයක මං යම් තැනක රජ කළා නම්
දැනුත් එය මා හට අපුරුවට ම සිහි කළ හැක
එසේ රජකළ නිසා නොයෙකුත් පාපයන් කොට
සෝර දුක් ඇති නිරයේ ඉපිද දුක් විදින්ටත් වුණා

35. එදා මං මනුලොව විසිවසකි රජ කෙරුවේ
හිලව්වට ඒ රජකමට, අසූදහසක් අවුරුදු
මහා නිරයේ වැටී මට සෝර දුක් විදින්ටත් වුණා

36. යළි මේ ආත්මයේත් මට රජකම ලැබෙවි යි කියා
මහත් බියකට මං පත්වුණා
රාජාභිෂේකය එපා කියා ම යි
මාපියන් හා කතා නොකළේ

37. දිනක් පියරජු උකුළේ මා හිඳුවාගෙන උන්නා
සොරුන් හට දඩුවම් දෙන හැටි මා අසා සිටියා
මේකා මරාපං, අනිකා හිරගෙයි දමාපං
අනිකාට සැත් පහර දී, අනිකා උල හිඳුවාපං
මෙසේ කීවා නොවැ එදා මාගේ පියරජු

38. ඉතින් පියරජුගේ දරුණු බස් මට ඇසෙද්දී
බියෙන් තැතිගත් මා රජකමට බිය වුණා
ගොළ නොවී ගොළවෙකු වී
කොර නොවී කොරෙකු වී

මල මූ ගොඩේ වැතිරී අඬිටනින් ඉවසා උන්නා

39. මිනිස් ලොව ගෙවන දිවිය දුක් සහිත යි
    ජීවත් වෙන්ට තියෙන්නේ ටික කලයි
    සසර දුක හා එය එකතු වී ඇත
    එබඳු දිවියක් ලද කෙනා, ඒ කිසිත් නොසිතා
    ඇයි ද කය වචනයෙන් නොයෙක් පව් කරන්නේ?

40. දිවියේ තතු දකිනා නුවණකුත් ඔහුට නැත
    අවබෝධය ලබනා දහමකුත් ඔහු දැක නැත
    එබඳු දිවියක් ලැබ ඒ කිසිත් නොසිතා
    ඇයි ද කය වචනයෙන් නොයෙක් පව් කරන්නේ?

41. රියදුර, මෙය අසව, තමා ගත් අඬිටන
    මල් එල ගැනෙන තුරු, කලබල නොවී ඉවසා
    මෙතෙක් කල් දරා ආවෙමි, ඒ උතුම් අරමුණ දෙස
    දැන් එය ඉටුවී ඇත, මගේ වැයම හරිගිය බව දනුව

42. යහපත් අරමුණක් සිත දරා, කලබල නොවී ඉවසා
    ගුණයෙහි රැඳි සිටි විට, නිසි කල මල් එල ගැන්වේ
    ඒ උතුම් අරමුණ මගේ, දැන් හොඳින් ඉටු වී ඇත
    කිසිලෙස බියකුත් නැත, වනයට ද පැන ගත්තෙමි

එය ඇසූ රියදුරා කල්පනාවට වැටුණා. 'අනේ මේ කුමාරයා අතිශයින් ම සිරි සැපතින් පිරි රජසැප බලු කුණපයක් සේ අත්හැරියා නොවැ. ඉතා ළදරු වයසේ සිටියදී ම සිතට ගත් අධිෂ්ඨානය නොබිඳ පවත්වා ගත්තා නොවැ. පැවිදි වෙන්ට ඕනෑ ම යි යන අදහසින් වනයටත් පිවිසියා නොවැ. එතකොට මං මේ මොකක්ද කරන්නේ? මං ගෙවන මේ දුක්බිත ජීවිතයේ ඇති එලය කිම? මාත්

කුමාරයාත් සමග මේ ගමන් ම පැවිදි වෙනවා.' යි සිතා
මේ ගාථාව කීවා.

43. අනේ රාජපුත්‍රය, තොපට යහපත වේවා!
    මටත් තොප ළඟ පැවිදි වෙන්ට ම ඕනෑ
    මහණ වෙව කියා අනේ මට පවසනු මැන
    මාත් දැන් කැමැති පැවිද්ද ලබන්ටයි

එතකොට තේමිය කුමරා මෙය සිතුවා. 'නෑ... මොහු
දැන් ම පැවිදි වීම සුදුසු නෑ. මගේ මාපියන් මෙහි නාවොත්
ඔවුන්ට ම යි පිරිහීම ඇතිවන්නේ. මේ අස්සියත්, පළඳනා
බඩුත් විනාශ වුණොත්, යකෙකු විසින් රියදුරාවත් කෑවා
ය කියා ඒ තුළින් ගැරහීම එන්නේත් මට ම යි. ඒ නිසා
මෙතනදී අප කවුරුත් ගැරහීම් ලැබිය යුතු නෑ. මගේ
මාපියන්ටත් අනාගතයේ යහපත වෙනවා.' යි සලකා
රියත්, පළඳනාත්, බඩුත් නැවත ගෙනගොස් භාරදීම
ණයක් වශයෙන් දක්වා මෙය කීවා.

44. දැන් ගොසින් රියදුර, තොප රියත් බඩුත් භාර දෙව
    ණය නැතියෙක් ව සිට නැවත මෙහි පැමිණෙව
    පැවිදි බව ඇත්තේ ණය තුරුස් නැති අයට ය
    මෙසේ ලත් පැවිදි බව සත්පුරුෂ උතුමෝ පසසත්

එතකොට රියදුරා මෙය සිතුවා. 'මං නගරයට ගියවිට
කුමාරයා වෙන තැනකට ගියොත් මං මොකදෑ කරන්නේ?
රජතුමාට මේ ප්‍රවෘත්තිය කී විට 'හරි... එහෙනම් මගෙ
පුත්‍රයා පෙන්නාපං' කියා මෙහි ආවොත්, පුත්‍රයා දකින්ටත්
නැත්නම්, මට දඬුවම් පමුණුවන්ටත් බැරි නෑ. ඉන් නිසා
මං නැවත මෙහි හැරී එන තුරු කුමාරයා රැඳී සිටින බව
ප්‍රතිඥාවක් ගන්ට ඕනෑ.' යි මේ ගාථා කීවා.

45. රාජපුත්‍රය, තොපට යහපත වේවා!
තොපගේ වචනය ඉටු කරමි මම ඒ ලෙසින්
එසේ ම මා විසින් ඉල්ලා සිටින යමක් ඇත්නම්
එය ද එලෙසින් මට ඉටුකොට දෙනු මැනව

46. මා ගොස් පියරජු මෙහි කැඳවාගෙන එනතුරු
ඒ තාක් කල් ඉවසා මෙහි ම වාසය කළ මැන
පියරජ තොප දැක සතුටින් ඉපිල යනු ඇත
අනේ එය මමත් දැක බලාගන්ට කැමති ය

තේමිය කුමරු :-

47. එම්බා රියදුර, තොප යමක් දැන් කීවා ද මට
තොපගේ ඒ වචනය මමත් ඉටු කර දෙමි
මෙහි එන මගේ පියරජු දැකගන්ට මා කැමතිය

48. සගය, තොප බරණැස ගොසින් ආපසු මෙහි එව
එතැන් සිට මා සමග තොපට නැවතිය හැක
නෑයන්ගේ ද සුව දුක් මා ඇසූ බව කියව
මාපියන් මා වැන්ද බව ඔවුන්ට පවසව

සුනන්ද රියදුරා කුමරුගේ පණිවිඩය ඉතා
ගෞරවයෙන් පිළිගත්තා.

49. සුනන්ද රියදුරා කුමරුගෙ දෙපා වැන්දා
කුමරු වට පැදකුණු කළා, රථයට ද නැග්ගා
බරණැස බලා ගිය ඔහු රජගෙටත් ගියා

එකෙණෙහි චන්දා දේවී 'අනේ... මයෙ පුතාට
මොකද්දෑ වුණේ දෙවියනේ..!' යි මග බලා සිටියදී රියදුරා
එන අයුරු දැක්කා. දැක නැවතත් ඈ හඩා වැලපෙන්ට
පටන් ගත්තා.

50. තේමිය කුමරුගේ මව චන්දා දේවී
තනිව රියදුරු පමණක් එන හිස් රථය දැක
දෑසෙහි කඳුළු පුරවා වැලපෙන්ට පටන් ගත්තා

51. අයියෝ රියදුරා මා කුස උපන් පුතු මරා එනවා
රටේ දියුණුව සදන්ට සිටි මගේ පුතා නැති වුණා
පොළොව යට වළ දමා ඔන්න දැන් ඔහු එනවා

52. මා පුතු මරා දා එන රියදුරු දැක දැන්
සතුරෝ නම් අපගේ සැබැවින් ම තුටු වනු ඇත
අපට වෙර කළවුන්ට නම් සතුටු කරුණකි

53. තේමිය කුමරු මව චන්දා දේවී
හිස් රථය පදවාගෙන තනිව ආ රියදුරු දැක
දෑස් කඳුළු පුරවා හඬ හඬා මෙය ඇසුවා

54. රියදුර, අනේ මට වහා කියව
ඇත්තෙන්ම මා පුතු ගොළුවෙක් ම ද?
ඇත්තෙන් ම ඔහු කොරෙක් ම ද, බිහිරෙක් ම ද?
පොළොවේ වළ දමද්දී හැඬුවේ නැද්ද ඔහු?

55. ගොළුවෙක් කොරෙක් වූ ඒ මගේ රන් පුතු
තොප වළට ඇද දමද්දී අහෝ!
අත් පා ගසා දමා දඟලුවේ නැද්දේ?
අනේ රියදුර, අඩු ගණනේ මට එයවත් කියව

රියදුරු :-

56. අනේ ආර්යාවෙනි, තොප මට ජීවිතය දෙයි නම්
රාජපුත්‍රයා අසලදී මා දුටු හැම දෙය ම
නොසඟවා දැන් ම පවසමි

චන්දා දේවී :-

57. මිතුර රියදුර, මං තොපට අභය දානය දෙමි
රාජපුත්‍රයා අසල තා ඇසු දුටු යමක් ඇත්නම්
ඒ හැම දෙය ම නොවළහා මට කියව දැන්

රියදුරු :-

58. අනේ ආර්යාවනි, අපගේ ඒ රාජපුත්‍රයා
බිහිරෙකුත් නොවේ, කොරෙකුත් නොවේ
ඉතා හුරුබුහුටි මනහර බස් කියන්නෙකි
රජකම ලබන්ට බියෙනුයි කුමරු එසේ සිටියේ

59. කුමරුට හොඳට පෙර ආත්මයත් මතකයි නොවෑ
ඒ ආත්මයේ ඔහු බරණැස ම රජකම් කොට ඇත
රජකම් කරද්දී පව්කමුත් කොට ඇත
මරණින් මතු නිරයේ ඉපදිලා නොවෑ

60. මෙහි රජ කොට ඇත්තේ විසි වසරක් පමණි ඔහු
එනමුත් එයට හිලව්වට නිරයේ වැටුණු විට
අසූදහස් වසරක් ම මහා දුක් විඳලා ඇත

61. අනේ මා රාජාභිෂේක කරන්ට නම් එපා!
කියා රජකමට බියෙනුයි කුමරා එසේ සිටියේ
මාපියන් ළඟ ගොළුවෙක් වගේ සිටියේ

62. හොඳින් අඟ පසඟ ඇති, උස මහත හැඩරුව ඇති
මනහර තෙපුල් ඇති, මහා නුවණැති ඔහු
දෙව්ලොවට යන මඟ ය, දැන් හැසිරෙමින් ඉන්නේ

63. ආර්යාවෙනි, තොප පුත්‍රුවන දකින්ට කැමති නම්
යම් තැනක වැඩසිටී ද ඒ තේමිය කුමරා
තොපව මං එතැනට ඉක්මනින් පමුණුවන්නෙම්

තේමිය කුමරා රියදුරු ආපසු පිටත් කෙරෙව්වා. සක්දෙවිදු පැවිද්දට කැමැත්තෙන් සිටින කුමරු වෙනුවෙන් කුටියකුත් පැවිදි පිරිකරත් මවා එන්ට කියා විස්කම් දෙව්පුතු පිටත් කෙරෙව්වා. විස්කම් දෙව්පුතු වහා අවුත් තුන් යොදුන් වනයේ සිත්කලු බිමක ආශ්‍රමයක් මැව්වා. එහි කුටි සෙනසුන්, රෑට හිදින තැන්, දාවලට හිදින තැන්, සක්මන් මළු, පැන් පොකුණු, එළබර රැක් ආදි හැම දේ ම තියෙනවා. පැවිදි පිරිකරත් තිබ්බා.

වනයේ තමා සිටි අසල ම මේවාත් තිබෙනු දැක කුමාරයා වටහා ගත්තා මෙය සක්දෙවිදු විසින් කළ දෙයක් වග. ඉතින් කුමරු කුටියට පිවිසියා. ගිහිවත් බැහැර කළා. රත් පැහැ හණවැහැරින් කළ වත් හැන්දා. අදුන් දිවි සම ඒකාංශ කොට පොරවා ගත්තා. පැවිදි පිරිකර උරේ එල්ලා ගත්තා. දණ්ඩත් අතට ගෙන කුටියෙන් පිටතට ආවේ මහා සෘෂිවරයෙකු සේ. පැවිදි සිරිය උසුලමින් කිහිප විඩක් ඔබ මොබ සක්මන් කළා 'අහෝ සුවෙකි!' යි උදාන පහල කරමින් යළි කුටියට පිවිසියා. භාවනාවට වාඩි වෙන ගල්පතුර මත හිඳ, එදා ම සවස් වන විට පංච අභිඥා, අෂ්ට සමාපත්ති උපදවා ගන්ට සමත් වුණා. සවස් යාමයේ කුටියෙන් එළියට අවුත්, සක්මන් කෙළවර තිබූ කරගසින් කොළ ගෙන, සක්දෙවිදු දුන් බඳුනේ දමා දියෙන් සෝදා, තැම්බූ අමු කොළ අමා වළඳන සෙයින් වැළඳුවා. බ්‍රහ්ම විහාර භාවනාව දියුණු කොට විසුවා.

කාශී රජතුමා සුනන්ද රියදුරුගේ වචනය අසා මහාසේනගුත්ත කැඳවා ගමනට සූදානම් ව මේ ගාථා කීවා.

64. අශ්වයින් රථවල යොදවි, ඇතුනුත් හොඳින් සරසවි
    සක්හඩ පතුරුවවි, එකැස් බෙර වාදනය කරවි

65. තම්මැට්ටම් ද වයවි, මිහිඟු බෙර වාදනය කරවි
    නියමිගම්වැසියෝත් මා හා හනික ගමනට එක්වවි
    රුවන් රස උඩ මපුතු සිටුවා අභිෂේක කරමි මම්
    නැවත ඔහු කැඳවාගෙන රජමැදුරට ම එමි මම්

66. අන්තෑපුර ළඳුන් පන්සියයක් කුමාරවරුන්
    වෙළඳ කුලයේ අයත් බ්‍රාහ්මණ හැම දෙනත්
    පුතු අභිෂේක කොට නැවත කැඳවා එන්ට
    මා හා ඒ හැම හනික පෙළ ගැසෙවි යන්ට

67. ඇතරුවෝ අසරුවෝ රථිකයෝ බලසේනාවෝ
    පුතු අභිෂේක කොට නැවත කැඳවා එන්ට
    මා හා ඒ හැම හනික පෙළ ගැසෙවි යන්ට

    කසී රජ මහත් කලබලයෙන් පිරිසට සූදානම් වෙන්ට
අණ කළා. අසුන් බැඳ පිළියෙල කළ රථ රජදොරටුව
අසල රඳවා රජුට සැලකළා.

68. රියදුරෝ කලබලෙන් සෙන්ධව ජව අසුන් යොදා
    රථයන් ද සකසා ගෙන රජදොරටුවට ආවා
    දේවයෙනි, දැන් අසුන් යොදා රථ සකසා ඇත

69. රියදුරනි, ඇඟපත මහ අසුන් මෙහි යොදන්ට එපා
    ඔවුන් වේගෙන් යන විට හති වැටේ ඉක්මනට
    කෙට්ටු අසුනුත් එපා, ඔවුන්ගේ ජවය මඳි

70. දේවයනි, අපි මහත කෙට්ටු අසුන් නෑ ගත්තේ
    ජවසම්පන්න වේගවත් ගමන් ඇති
    හොඳ අසුන් ම යි මේ රථවලට යෙදුවේ

තේමිය කුමාරයා වෙත යන රජ ක්ෂත්‍රිය, බ්‍රාහ්මණ, වෛශ්‍ය, ශුද්‍ර යන කුල සතරට ම අයත් දහඅටක් සේනා රැස් කළා. සියලු බලකායන් රැස්කළා. ඒ සඳහා තුන් දිනක් ගත වුණා. ගත යුතු සියලු දේ ගෙන සතරවෙනි දවසේ නික්මුණා. කුමරු සිටි ආශ්‍රමයට පැමිණියා. පුත්‍ර සෘෂිවරයා හා පිළිසඳර දොඩමින් සිටියා.

71. රජතුමා මහත් කලබලෙන් සුදුසු රියකට නැග්ගා
    සියලු දෙන මා අනුව එව් කියා කීවා
    අන්තඃපුර ළඳුන්ටත් ඒ වග දැනුම් දුන්නා

72. කුමරාට පිළිගන්වනු පිණිස චාමරත්
    නළල්පටත් කඩුවත් සුදු සේසතත්
    මිරිවැඩි සඟලත් රියට දමව් කියා කීවා
    රජුත් අබරණින් හොඳින් සැරසී උන්නා

73. රියදුරුත් පෙරටු කොට රජ පිටත් වී ගියා
    සෘෂිතුමා සිටි තැනට ඒ අය වහා ආවා

74. තේජස්වී බලයෙන් දිලිසෙමින් මෙන් එන
    රාජ පිරිවර ඇති ඒ පියමහරජු දැක
    තේමිය මහා සෘෂි මෙසේ ඔවුන් ඇමතී

75. පියාණෙනි, කෙසේද තොප රෝගකින් තොර නේද?
    මගේ මව්වරු, රාජදූවරු හැම සිටිත් නේද සුවසේ?

76. පුත්‍රය, මා සිටිමි සුවසේ, රෝගක් පීඩාත් නැත
    සියලු මව්වරුත් රජදූවරුත් සිටිති නීරෝගි ව

77. පියාණෙනි, තොප මත්පැන් බොන්නේ නැද නේද?
    තොප ඒ කිසිවක් ගන්ට කැමතිත් නැ නේද?

සත්‍ය වචනයෙහි පිහිටා තොප සිටිනවා නේද?
දැහැමි ලෙස දන් දෙමින් හොඳින් ඉන්නවා නේද?

78. පුත්‍රය, මත්ද්‍රව්‍ය මත්පැන් භාවිතය නැත මා
    කවදත් ඒවා කිසිසේත් මට ප්‍රිය නැත
    සත්‍ය වචනයේ පිහිටා සිටිමි මම හැමවිට
    දැහැමි ව සිට දන් දීමට සදා මා සිත ඇලී ඇත

79. එසේ ම තොපගේ ඇත් අස් ආදී වාහනයෝ
    නීරෝගි ව වසත් ද, ඔවුන් සුවසේ සිටිත් ද?
    තොප උසුලන්ට ඔවුහු සමත් වෙත් ද?
    තොප සිරුර තවන රෝදුක් නැද්ද?

80. පුත, ඇත් අස් වාහන නීරෝග ව සිටිත්
    ඔවුනට ඉතා සුවසේ මා උසුලන්ට ඇහැකි ය
    සිරුර තවනා පීඩා මාහට දැනට නැත

81. මහරජුනි, පිටිසර වැසියෝ පොහොසත් ව වසත් ද?
    නියමගම් වැසියෝ දැන් බොහෝ සිටිත් ද?
    තොපගේ සියලු අටුකොටු ධන සම්පතින් පිරී ඇද්ද?

82. පුත, පිටිසර වැසියෝ දැන් හොඳින් පොහොසත් ය
    නියමගම් වැසියෝ බොහෝ වැඩි වී ඇත
    හැම අටුකොටු මගේ ධන සම්පතින් පිරී ඇත

83. රජුනි, තොප මෙහි පැමිණීම මනා ය, ස්වාගතයෙකි!
    තොප මෙහි ආවේ අයහපත් ගමනක් නොවේ
    යම් තැනක රජ හිඳි නම්, එබඳු නිසි අසුනක්
    මේ රජතුමාට සූදානම් කොට දෙත්වා!

තේමිය සෘෂිවරයාට ඇති ගෞරවය නිසා රජතුමා

අසුනක හිඳගන්ට කැමති වුණේ නෑ. ඉදින් අසුනේ වාඩිවෙන්ට අපහසු නම් බිම පැදුරක් පනවන්ට කීවා.

84. ඉතා යහපත් ලෙස මෙහි පැදුරු පනවා ඇත
රජතුමා හිඳගත්විට ඔහුගේ පා සෝදත්වා!

ගෞරවය නිසා රජතුමා පැදුරේවත් හිඳගන්ට කැමති වුණේ නෑ. බිම හිඳගත්තා. එතකොට මහසෑෂිවරයා කුටියට පිවිසියා. තමාට ආහාර පිණිස සකස් කළ කරකොල ගෙන ආවා. එය අනුභව කිරීමට පියරජු අමතමින් මෙය කීවා.

85. මහරජ, මේ කරකොල ලුණු නැතිව තම්බා ඇත
මෙය මා මෙහි වළඳින ආහාරය යි
රජුනි, මෙය අනුභව කළ මැනව
මෙහි ආ අය සුදුසු ය මගේ සත්කාරයට

86. අනේ පුත්‍රය, මට කොළ කන්ට නම් බැරි ය
මගේ ආහාරය ලෙස මෙය ගන්ට බැරි ම ය
පිරිසිදු මස් රසා හා සුප ව්‍යංජන ඇති
ඇල් හාලේ බත නොවැ මා ගන්නා බොජුන

එසේ කියු රජ තේමිය සෑෂි කෙරෙහි ගෞරවයෙන් ඒ කරකොල ස්වල්පයක් අතට ගත්තා. "පුත්‍රය... තොප වළඳින්නේ මෙබඳු ආහාර ද?" යි කියමින් ප්‍රිය සල්ලාපයෙන් යුතුව හිඳගෙන සිටියා.

එවිට ම වාගේ චන්දා දේවියත් අන්තඃපුර ළඳුන් පිරිවරාගෙන ආවා. ප්‍රිය පුතුගේ දෙපා අල්ලා වැඳ වන්දනා කළා. කඳුළ පුරවා ගත් නෙතින් යුතුව එකත්පස්ව හිඳගත්තා. එතකොට රජතුමා "සොඳුර, මේ බලන්ටකෝ... අපගේ පුත්‍රයාගේ භෝජන." කියා ඇයගේ අත මතත්

කරකොළ ස්වල්පයක් තැබුවා. සෙසු ළඳුන් අතතත් ටික ටික දුන්නා. "අහෝ ස්වාමී, අති දුෂ්කර දෙයක් නොවැ කරන්නේ." කියා වදිමින් උන්නා. රජතුමා "පුත්‍රය, තොප මාගේ ආචාර්ය වව. මා සමග ගොස් එහි වසව." කියා මේ ගාථාව කීවා.

87. මා අදරති පුත, හුදෙකලා ව තනිව වසමින්
මෙවැනි අහර වළඳමින් වෙසෙද්දී
ඇයි ද තොප කය මෙතරම ලස්සන වූයේ?
මෙය මට අසිරියක් සේ වැටහේ

තේමිය මහසෑපි :-

88. මහරජ, මා හොදින් පැදුර බිම එළාගෙන
හුදෙකලාවේ ම තනිව සුවසේ සැතපෙමි
තනිව සැතපෙන නිසා මා සිරුර පැහැපත් වී ඇත

89. කඩු ගත් රාජපුරුෂයෝ රැකවල් පිණිස මට
මෙහි මාව වටකොට කවුරුත් දකින්ට නැත
සැප සයනයේ සැතපෙන නිසා
රජුනි, මා සිරුර පැහැපත් වී ඇත

90. ගෙවී ගිය අතීතය මා සිතන්නේ නැත දැන්
නොපැමිණි අනාගතය සිතීමෙන් පලක් නැත මට
මේ දැන් ඇති දෙයින් යැපී සිටිමි සතුටින්
රජුනි, එනිසා මා සිරුර පැහැපත් වී ඇත

91. ගෙවී ගිය අතීතය සිත සිතා සුසුම් හෙළමින්
නොපැමිණි අනාගතයේ නා නා සිහින මවමින්
අනුවණ දනා ලොවේ සිටිති සුසුම් හෙළමින්
අව්වේ දැමූ බට දඬු සේ වියළී යති ඔවුන්

රජතුමා :-

92. පුත, මම තොපට ඇත් සේනා, රිය සේනා
අස් සේනා හා පාබල සේනාවක් දෙමි
අලංකාර මන්දිරයකුත් මං තොපට පවරමි

93. හැම අබරණින් සැරසුණු අන්තඃපුර ළදුන් දෙමි
ඒ හැම පිළිගන්න පුත, තොප රජ වෙන්ට ම ඕනෑ

94. නටන්තත් ගයන්තත් හපන්, කීමේ බිණීමේ හපන්
ඒ පියකරු ළදුන් තොපව නිති පිනවනු ඇත
මේ වනවාසයෙහි කුමන එලයක් ද පුත?

95. වෙන රටවලිනුත් ඉතා පියකරු ළදුන්
කැඳවාගෙන අවුත් පවරා දෙමි තොපට
ඔවුන් සමගින් වැස දරු පරපුරක් තනා
පසුව තොපට ඇහැකි නොවැ පැවිදි වෙන්ට රිසි සේ

96. පුත, තොප තවම තරුණ ය, ඉතාමත් යොවුන් ය
උපතින් පළමු වයසේ සිටිනා රුවැති කුමරෙකි
පුත, තොපට යහපත වේවා! රජකම් කළ මැනව
මේ වනවාසයෙන් තොප කුමක් ලබන්ට ද?

තේමිය මහසෑප :-

97. තරුණයෝ ම යි බඹසර හැසිරිය යුත්තේ
බඹසර හැසිරෙන නිසයි තරුණකම පවතින්නේ
මම් ද බඹසරෙහි ම හැසිරෙමි
රජකමින් නම් මට කිසි පලක් නැත

98. මවිනි පියාණෙනි කියමින් ප්‍රිය තෙපුල් දොඩනා
දුකසේ ඇතිදැඩි කළ යොවුන් දරුවන්
වයසට යන්ට පෙර මැරී යනු මා දැක ඇත

99. දුටුවන් වසඟ වන රූ සිරි ඇති දුවරුන්
    උණ ගොබ කඩන ලෙස මරු විසින් සිඳ දමා
    මියගොස් ඇති අයුරු මා නොයෙක් වර දැක ඇත

100. තරුණයෝ ද මැරෙත්, ගැහැනු පිරිමි ද මැරෙත්
     නුවැණැති කවුරු නම් එවැනි ජීවිතය ගැන
     මම දැන් හැඩකාර තරුණයෙකි යි
     කෙසේ නම් විශ්වාසෙට ගනියි ද?

101. ලොවේ සෑම දෙන නිතර පහර කමින් සිටිත්
     ලොවේ සෑම දෙන නිතර පිරිවරාගෙන සිටිත්
     අතරක් නැතිව ඔවුන්ව අත්හරිමින් සිටිත්
     එවන් ලොවක ද මා රජ කරවන්ට යන්නේ?

රජතුමා :-

102. කවුරු විසින් ද ලෝසතට නිති පහර දෙන්නේ?
     කවුරු විසින් ද ලෝසත පිරිවරා ඉන්නේ?
     අතරක් නැතිව කවුද ඔහුව අත්හරින්නේ?
     මා විසින් අසන පැනයට පිළිතුරු දෙන්න පුත

103. මරණය විසිනි ලෝසතට නිති පහර දෙන්නේ
     ජරාව විසිනුයි ලෝසත වටකොට සිටින්නේ
     අතරක් නැතිව රාත්‍රිය ඔවුන්ව අත්හරින්නේ
     රජුනි, මෙය මෙසේ දැනගත මැනව

104. රෙදි වියන විට යන්ත්‍රයේ, වියන්ට හැකි වන්නේ
     නූල් සකසා තිබෙන පමණටයි
     වියාගෙන යන විට නූල් අවසන් වී යයි
     එලෙසින් ම උපන් ලෝසත හට
     දිවා රෑ ගෙවන විට, ඉන්න කාලය ඉවර වී යයි

105. පිරී ගිය දියකඳ වේගයෙන් පහළට ගලයි
නැවත එය කිසිදා උඩු අතට ආපසු නොඑයි
උපන් සතගේ ආයුෂ හැම කල ම ගෙවී යයි
ගෙවී ගිය ආයුෂ නැවත ඔහු වෙත නොඑයි

106. පිරී ගිය දියකඳ වේගයෙන් ගලද්දී පහළට
ඉවුරු දෙපසේ රුක්මුල් සෝදාගෙන ගලයි
නිසි කල් පැමිණි විට ඒ ගසුත් ගසාගෙන යයි
උපන් සත ජරාමරණයෙන් එලෙසට ගසා යයි

තේමිය මහසෑමිගේ දහම් කතාව ඇසූ රජතුමාට රජකම එපා වුණා. පැවිදි වීමේ කැමැත්ත ඇති වුණා. නැවතත් හිත වෙනස් කරගත්තා. "අනේ පුත්‍රය, මට නම් නැවත නගරයට යන්ට බෑ. මෙහි ම පැවිදි වෙන්ට ඕනෑ. නමුත් පුත, නගරයට මං යනවා නම් තොපට ම යි රාජ්‍යත්‍රය දෙන්නේ." යි නැවතත් රජකමට පුතුව පොළඹවමින් මේ ගාථා කීවා.

107. පුත, මම් තොපට ඇත් සේනා, රිය සේනා
අස් සේනා හා පාබල සේනාවක් දෙමි
අලංකාර මන්දිරයකුත් මං තොපට පවරමි

108. හැම අබරණින් සැරසුණු අන්තඃපුර ළදුන් දෙමි
ඒ හැම පිළිගන්න පුත, තොප රජ වෙන්ට ම ඕනෑ

109. නටන්තත් ගයන්තත් හපන්, කීමේ බිණීමේ හපන්
ඒ පියකරු ළදුන් තොපව නිති පිනවනු ඇත
මේ වනවාසයෙහි කුමන එලයක් ද පුත?

110. වෙන රටවලිනුත් ඉතා පියකරු ළදුන්
කැඳවාගෙන අවුත් පවරා දෙමි තොපට

ඔවුන් සමගින් වැස දරු පරපුරක් තනා
පසුව තොපට ඇහැකි නොවැ පැවිදි වෙන්ට රිසි සේ

111. පුත, තොප තවම තරුණ ය, ඉතාමත් යොවුන් ය
    උපතින් පළමු වයසේ සිටිනා රූවැති කුමරෙකි
    පුත, තොපට යහපත වේවා! රජකම් කළ මැනව
    මේ වනවාසයෙන් තොප කුමක් ලබන්ට ද?

112. ධන සම්පතින් පිරුණු අටුකොටු මැණික් ගබඩා
    ඇත් අස් රිය වාහන සියලු ම බලකාය
    මනහර රජමැදුරු සියලු දේ තොපට දෙමි

113. සොඳුරු බස් දොඩන රජදූන් පිරිවරා
    දෑස්සන් ද පිරිවරට ගෙන රජකම් කළ මැනව
    මේ වනවාසයෙන් තොපට කවර සෙතක් ද?

තේමිය මහසෑිි :-

114. රජුනි, තොප සිතා ඉන්නේ ධනය නොනැසේ කියාද?
    රූ සිරි තිබූ පමණින් ගෑනු නොමැරෙති කියා ද?
    යම් විටක ජරාවෙන් බැට දෙන්ට පටන් ගත් විට
    ඔය කියන යොවුන් බව අහළක නොතිබෙනු ඇත

115. ලොව තිබෙන්නේ කවර නම් සතුටක් ද?
    කවර නැටුම් කෙළියක් ද? කවර කාමරතියක් ද?
    කවර ධන සෙවුමක් ද? කවර අඹුදරු සුවයක් ද?
    රජුනි, මා ඉන්නේ ඒ හැම කාම බන්ධනයෙන් මිදී!

116. පමාවක් නැතිව මරණය වෙලාවට එන බව දනිමි
    මරණය විසින් මා යටකොට මග එමින් සිටියදී
    කම්සැපට කවර ඇල්ම ද? ධනය කුමක් කරන්ට ද?

117. ගසක ඇති ඉදුණු ගෙඩියට බිම වැටෙන බිය ම ඇත
එලෙස ම උපන් සතහට මැරෙනා බිය ම ඇත

118. උදේ දුටු බොහෝ අය සවස දක්නට නැත
සවස දැකගත් අය පසුදින දකින්ට නැත

119. බඹසරෙහි හැසිරෙන්ට අද ම වීරිය කළයුතු
හෙට දින මරණය එ දැයි කවුද දන්නේ?
ඕනෑම අයුරකින් මරණය කැඳවන මහාසෙන් ඇති
මාරයා සමග හදාගත් ගිවිසුමක් නම් නැත

120. සොරු සිටින්නේ අනුන්ගේ ධනයට ඇස ගසාගෙන
රජුනි, ඒ ධනයෙන් අද මා නිදහස් ව ඇත
රජුනි, තොප මෙහි අවුත් මා ළඟ නවතිනු මැන
දහමෙහි හැසිර දිවියේ අරුත දත මැන
මාහට රජකමෙන් කිසිදු පලක් නැත

එය අසා රජත්, චන්දා දේවියත්, දහසය දහසක්
අන්තඃපුර කාන්තාවෝත්, ඇමතිවරුත් පැවිදි වෙන්ට ම
ආසා කළා.

රජතුමා බෙර හැසිරෙව්වා. 'යම් කෙනෙක් මයෙ
පුතුයා ළඟ පැවිදි වෙන්ට කැමති නම්, ඒ සියල්ලෝ පැවිදි
වෙත්වා! එසේ ම රන්, රුවන්, මුතු, මැණික් ආදි සියලු දේ
අසවල් තැන්වල ඇත. ඒවායේ දොර හැර ඇත. අසවල්
තැන මහා නිධන් සැළි ඇත. කැමති අය ඒවා ගනිත්වා!'
යි රන් පත්ඉරුවල ද ලියා මාලිගයේ කණුවල සවි කළා.

නගරවැසියෝත් වෙළඳසැල් හිමියෝත් දොරවල්
හැර තිබියදී ම ඒ සියලු දේ අත්හැර තේමිය මහාසත්ත්ව
වෙතින් පැවිද්ද ලබන අදහසින් රජු නුවත ගියා. තේමිය

මහාසෂි ඒ සියලු දෙනා පැවිදි කෙරෙව්වා. සක්දෙවිඳු විසින් තුන්යොදුන් ප්‍රමාණයට සකසා දුන් ආශ්‍රමයේ ඒ අය නැවතුණා.

තේමිය බෝධිසත්වයෝ කුටි බෙදනා විට 'මේ අය කොයි දේටත් බිය වෙන අය නොවැ' යි කියා කාන්තා පැවිද්දන්ට මැද කුටි දුන්නා. පිරිමි පැවිද්දන්ට පිටත කුටි දුන්නා. විස්කම් දෙවිපුතු විසින් මවා දුන් එළබර රුක්, පැන් පොකුණු, සක්මන් මළු, පැවිදි පිරිකර ආදිය හැම තැන ම තිබුණා. පැවිද්දෝ රැක්මුලට ගොස් වැටුණු ගෙඩි ගෙනවුත් වළඳා තේමිය මහසෂිගේ උපදෙස් පරිදි බඹසරෙහි හැසිරුණා.

යමෙකුට කාම විතර්කය අරභයා හෝ ව්‍යාපාද විතර්කය අරභයා හෝ හිංසා විතර්කය අරභයා හෝ සිතිවිලි හටගත්තොත් මහාබෝධිසත්වයෝ සැණෙකින් එතැනට වඩිනවා. අහසේ ම හිඳ අවවාද කරනවා. ඔවුනුත් එය අසා වහ වහා ධ්‍යාන අභිඥා උපදවා ගන්ට සමත් වුණා.

එවිට සාමන්ත රජෙකුට කසී රජු පැවිදි වූ වග දැන ගන්ට ලැබුණා. බරණැස් රාජ්‍යය පැහැර ගැනීමේ අදහසින් ඔහුත් නගරයට පිවිසියා. නගරය අලංකාර ව සරසා තිබුණා. රජමැදුරටත් ගොඩවුණා. තැන තැන තිබූ සත්‍රුවන් දැක්කා. 'මේ ධනය නිසා කාටහරි හයක් ඇතිවෙන්ට ඇති.' යි සිතා එහි සිටි සුරාසොඬුන් කැඳෙව්වා. රජතුමා ගිහිගෙය අත්හැර ගියේ කොයි දොරටුවෙන් ද?' යි ඇසුවා. නැගෙනහිර දොරටුවෙන් ය කියා ඔවුන් පිළිතුරු දුන්නා. ආක්‍රමණික රජු ඒ දොරටුවෙන් ම නික්ම ගංතෙරට ආවා.

ඔහු එන බව තේමිය බෝධිසත්වයෝ දන්නවා. අහසින් අවුත් අහසේ ම හිඳ ඔහුට බණ කීවා. ඔහුත් පිරිසත් සමග ම පැවිදි වුණා. මෙසේ තව තුන් රාජ්‍යයක රජවරුත් රාජ්‍යය අත්හැර අවුත් පැවිදි වුණා. ඇත්තු වනයට වැදි කැළෑ ඇතුන් බවට පත්වුණා. අශ්වයෝ වන වැදි කැළෑ අසුන් බවට පත්වුණා. රථ වනයේ ම දිරා ගියා. ගබඩාවල රන් කහවණු ආශ්‍රමයට යන පාරේ වැලිවල විසිරි තිබුණා. එහි පැමිණි සියලු දෙනා බෝධිසත්වයන් ළඟ පැවිදි වුණා. අෂ්ට සමාපත්ති උපදවා ගන්ට සමත් වුණා. මරණින් මතු සියලු දෙනා ම බඹලොව උපන්නා. කොටින් ම සෘෂිවරුන් ගැන සිත පහදවා ගත් ඇත් අස් ආදි තිරිසන්ගත සතුන් පවා ඒ පැහැදීම හේතුවෙන් සදෙව්ලොව උපන්නා.

"මහණෙනි, දැන් පමණක් නොවේ. පෙර ආත්මවලත් තථාගතයෝ රාජ්‍යය අත්හැර අබිනික්මන් කොට තියෙනවා. එදා සුදු සේසතට අරක්ගත් දේවතාවී කුමරුට රජගෙයින් පැනගන්ට ඔවදන් දුන්නා. ඈ තමයි උප්පලවණ්ණා. එදා රියදුරා ව සිටියේ අපගේ සාරිපුත්තයෝ. රජතුමාත් චන්දා දේවියත් ශාක්‍ය රාජකුලය යි. එදා පිරිස තමා අද බුදුපිරිස. තේමිය පණ්ඩිත ව සිටියේ මා ය." කියා භාග්‍යවතුන් වහන්සේ මේ මූගපක්ඛ ජාතකය නිමවා වදාළා.

සිංහලද්වීපයේ උපන් මංගණ විහාරවාසී බුජ්ජතිස්ස රහතන් වහන්සේ, මහාවංශක තෙරුන් වන කටකන්දරක විහාරවාසී චූළසදේව රහතන් වහන්සේ, උපරිමණ්ඩලවාසී මහාරක්බිත රහතන් වහන්සේ, හද්දගිරිවාසී මහාතිස්ස රහතන් වහන්සේ, චාමත්ථපබ්භාරවාසී මහාසිව රහතන් වහන්සේ, කාලවේලවාසී මලියමහාදේව රහතන්

වහන්සේ යන මේ තෙරවරුන් කුද්දාල ජාතකයේත්, මුගපක්ඛ ජාතකයේත්, අයෝසර ජාතකයේත්, හත්ථිපාල ජාතකයේත් මහාබෝධිසත්වයන් වනයට යද්දී අවසානයට ම ගිය පිරිස හැටියට යි කියන්නේ.

මද්ධවිහාරවාසී මහානාග රහතන් වහන්සේත්, මලිය මහාදේව රහතන් වහන්සේත් පිරිනිවන් පෑ දවසේ "ඇවැත්නි, මුගපක්ඛ ජාතකයේ අප මහා බෝධිසත්වයන් සමග අබිනික්මන් කළ සියලු පිරිස අදින් අවසන් වුණා." කියලා වදාලා. එතකොට සංසයා "ඇයි ස්වාමීනී, එසේ කීවේ?" කියා අසා සිටියා. "ඇවැත්නි, අපි තමයි එහි සිටිය සුරා සොඬුන්. අප සමග සුරා බොන්ටවත් කවුරුවත් ම නැතිව ගියා. ඒ හැමෝම පැවිදි පිරිසට එක් වුණා. ඉතින් අපිත් අන්තිමට ගොහින් පැවිදි වුණා." කියා වදාලා.

9 786245 524181